JN260532

宇佐神宮一之御殿

聖武天皇の時代に朝廷とのつながりを深め，東大寺の大仏造立に際しては，天神地祇のあらゆる霊力を結集して事業を助成すると託宣した．神護景雲 3 年（769），道鏡を皇位につけよという託宣を下したのもこの神で，道鏡が失脚するきっかけとなった．

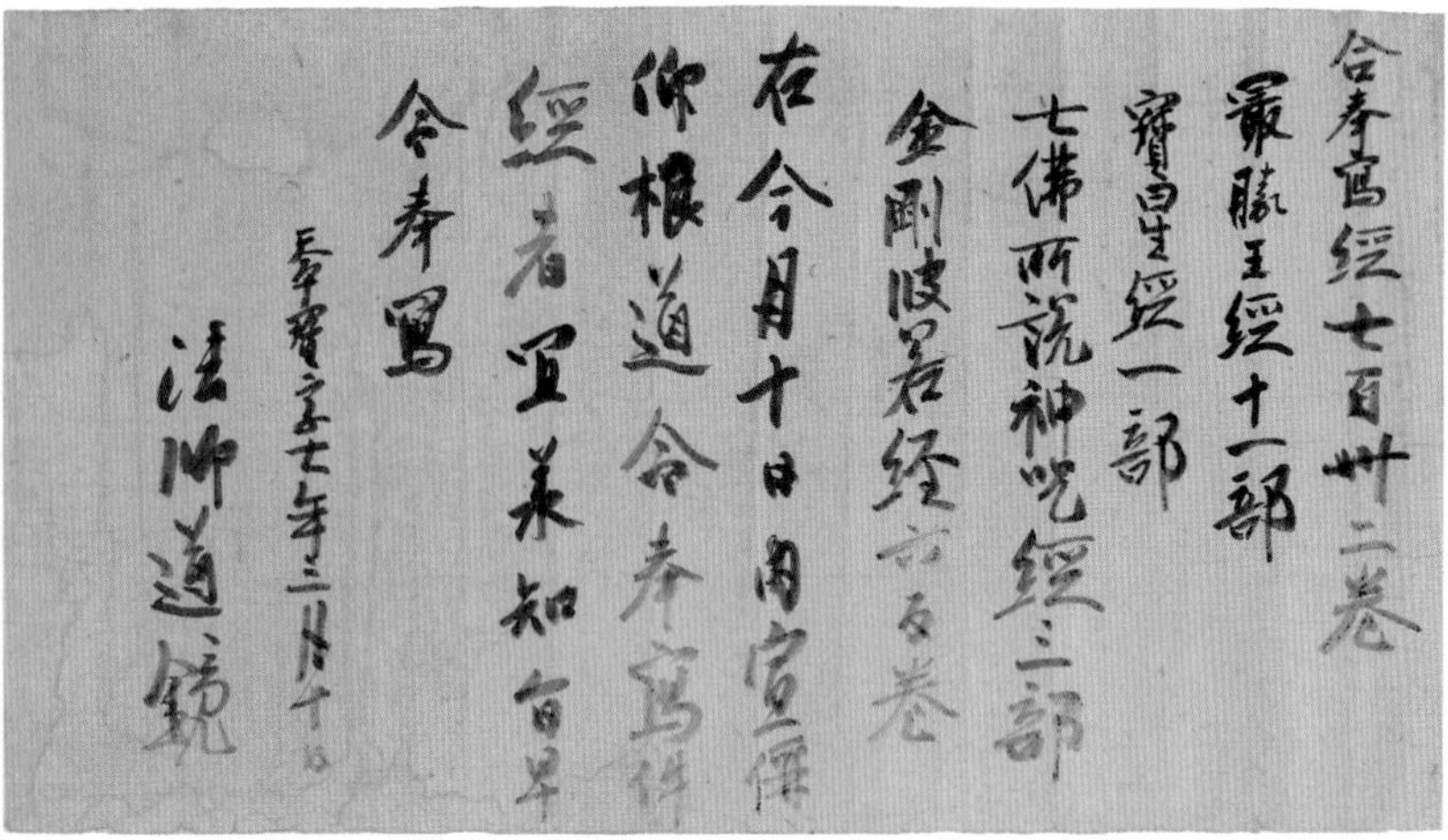

合奉写経七百卅二巻
最勝王経十一部
宝星経一部
七仏所説神呪経三部
金剛般若経六百巻
右今月十日内宣偁
奉写件経者宜承知旨早
令奉写
天平宝字七年三月十日
法師道鏡

天平宝字７年（763）３月10日付けの道鏡自筆状

書状は，道鏡が保良宮に滞在中の孝謙太上天皇を看病して寵愛を受けるようになって１年後のもの．この年９月，道鏡は少僧都に抜擢され，トントン拍子に出世して法王にまで昇りつめる．のびのびとした筆跡には，道鏡の人柄とともに自信のほどがうかがえよう．

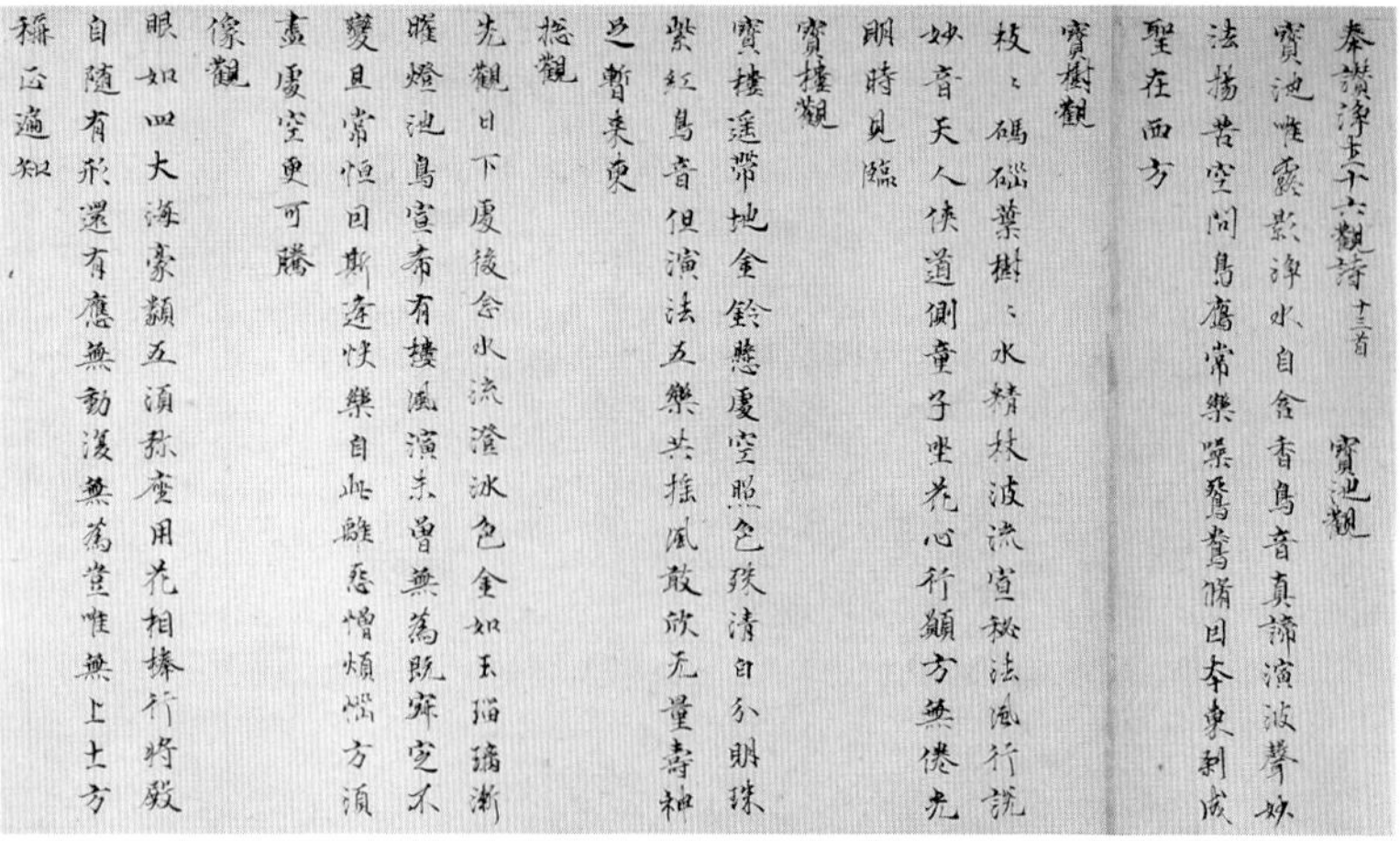

奉讃浄土十六観詩 十三首
宝池観
宝池唯霰歎浄水自含香鳥音真諦演波聲妙
法揚昔空聞鳥鷹常楽歎鶯鶯脩因本来剎成
聖在西方
宝樹観
枝々碼碯葉樹々水精林波流宣秘法風行説
妙音天人侠道側童子坐花心行願方無倦光
明時見臨
宝楼観
宝楼遥帯地金鈴懸履空照色殊清白分明珠
紫紅鳥音但演法五楽共揺風鼓欲无量寿袖
之暫来東
想観
先観日下處後念水流澄氷色金如玉瑠璃漸
曜燈池鳥宣希有樓風演未曽無為既寂定不
變且常恒因斯遠快楽自此離愁憎煩悩方須
盡處空更可騰
像観
眼如四大海豪類五須弥處用花相捧行將殺
自隨有形還有應無動復無為豈唯無上土方
稱正適知

聖武天皇筆跡（雑集）

中国の詩文を抄出した，聖武天皇31歳の宸筆．筆運びにまったく変化のない，緊張感あふれる筆跡である．光明皇后とともに仏教に信仰が厚く自らを「三宝の奴」と称し，薬師寺に遷御して譲位した．

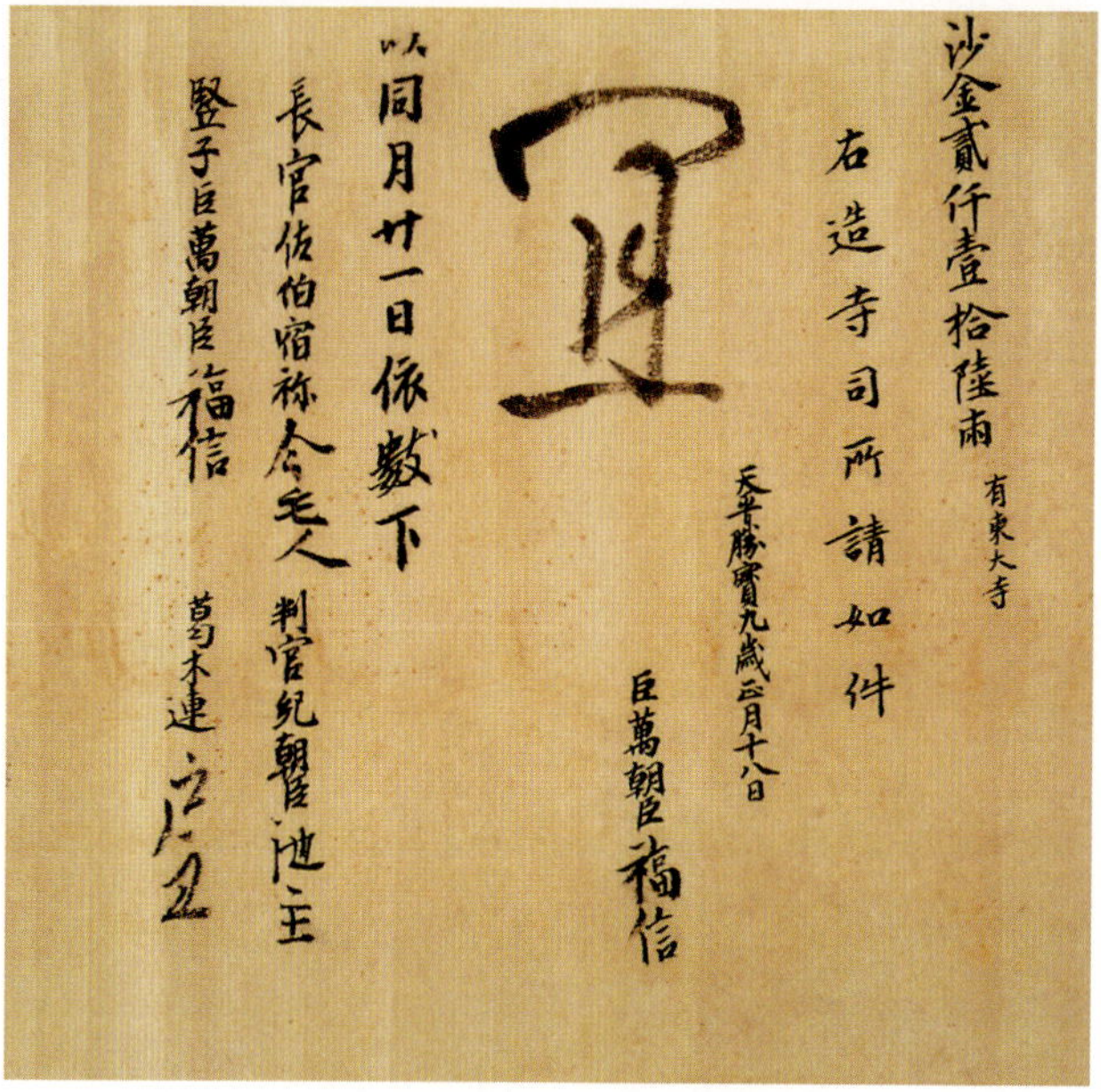

孝謙天皇筆跡（沙金桂心請文）

造東大寺司が大仏鍍金に必要な砂金を請求した文書．請求の許可を認める大きな「宜」（よし・よろし）の文字が孝謙の自筆．時に孝謙 40 歳．威風堂々たる筆跡である．女性初の皇太子として即位するが，道鏡との出会いによって淳仁・藤原仲麻呂を退け，重祚した．

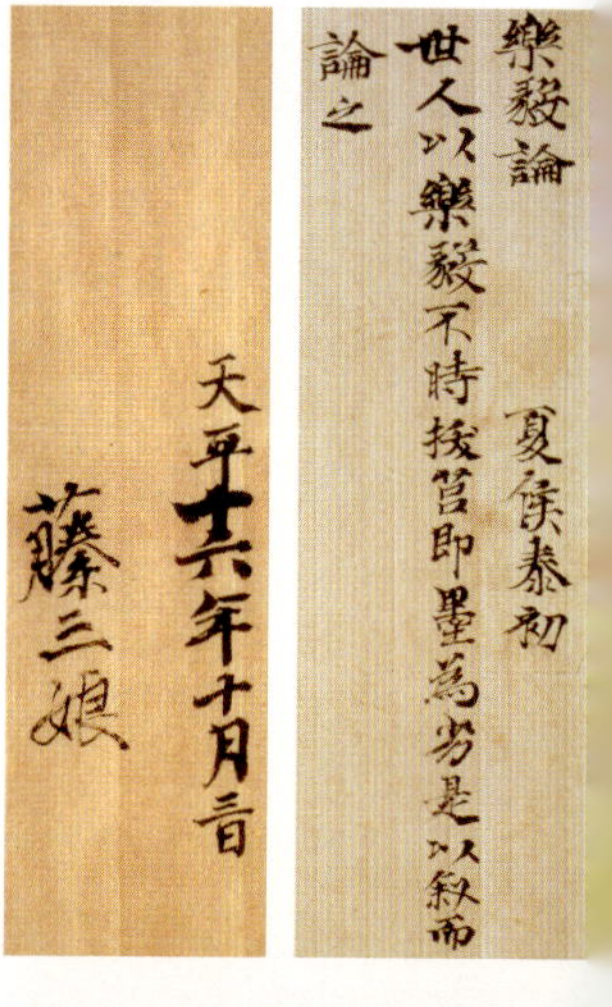

光明子筆跡（楽毅論）

書聖王羲之の書「楽器論」を、時に44歳の皇后が臨書したもの。巻末の自署「藤三娘」とは光明子のことで、藤原不比等の三女の意である。聖武天皇との間に基王と孝謙を儲けたが、基王の夭折が奈良朝の混乱を招いた。男性的な筆致が印象的。

藤原仲麻呂筆跡（屛風花氈等帳）

東大寺大仏に追納した物品の目録に見える仲麻呂の署名。仲麻呂は武智麻呂の第二子。叔母光明皇后の庇護を得て専権を振るった。孝謙の寵愛する道鏡を除こうとして反乱を起こしたが、近江で誅殺された。

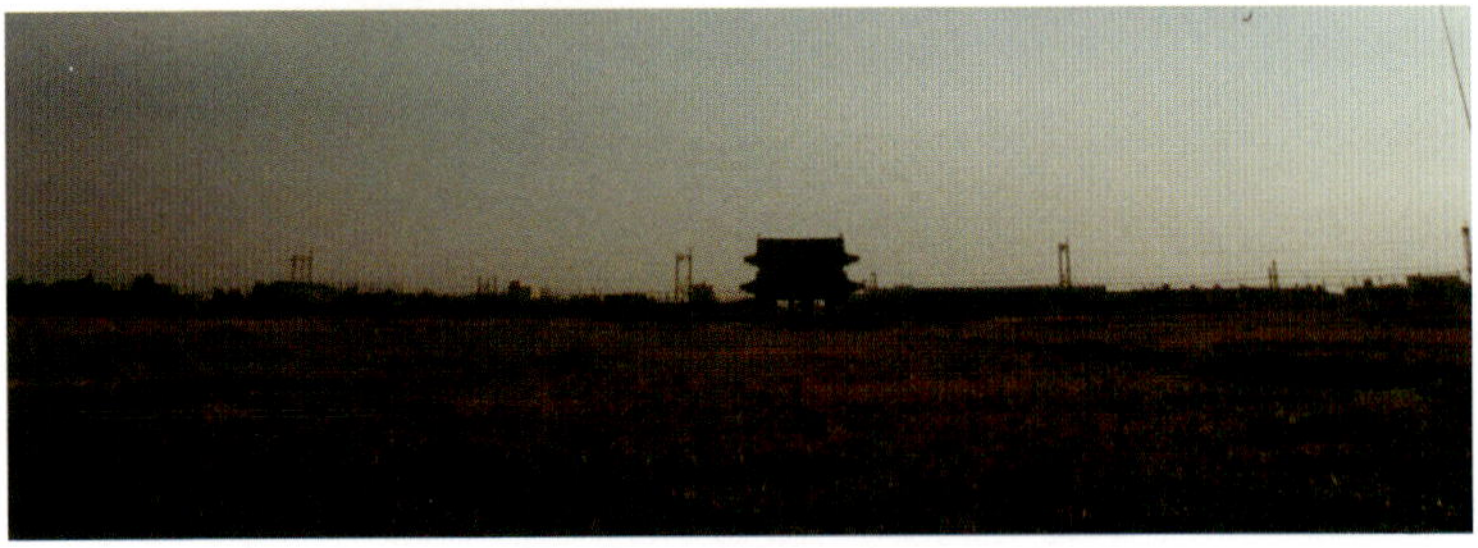

平城宮朱雀門復原・遠望

「あおによし寧楽《なら》の都は咲く花の」と歌われた平城京．和銅3年（710）藤原京から都が移され，延暦3年（784）長岡京に遷都されるまでの間，この地を舞台に天平の華麗な文化が展開された．しかし，血みどろの政争が繰り広げられたのも，この平城京だった．

敗者の日本史 2

瀧浪貞子

奈良朝の政変と道鏡

吉川弘文館

企画編集委員

関　幸彦

山本博文

目次

Ⅲ　神託事件の真相

図版目次

〔口絵〕

〔挿図〕

歴史の中の道鏡　プロローグ

下野人形

孝謙《こうけん》時代は恩情ある裁判や刑罰を行い、倹約政治であったが、称徳《しょうとく》時代になると道鏡《どうきょう》が権力をほしいままにして、さかんに土木工事を行い寺院を造営した。そのために官民は疲れ、国家財政は窮乏し、裁判も厳しくなり、やたらと人を処刑にした（原文は一一九頁参照）。

『続日本紀《しょくにほんぎ》』宝亀元年（七七〇）八月十七日条に記す称徳女帝評である。一読して明らかなように、孝謙時代は評価が高いのに対して、称徳時代の治世は道鏡と結びつけられ、酷評されている。道鏡が権力を握ったために国家財政も治世も辛苦を重ねた、悪政の責任はすべて道鏡にある、といわんばかりの書きぶりである。

称徳が、道鏡を自らの師範と位置づけ、法王に任じて、女帝自身と法王とによる〝共治体制〟をめざしたことは確かである。そのため、僧界の〝王〟となった道鏡が天皇まがいの振る舞いをし、一族を抜擢するなどして政治に容喙《ようかい》したことも否定はできない。挙げ句の果て、宇佐《うさ》神託《しんたく》事件によって野心を抱いた道鏡が、悪の見本のように言われて厳しい評価がなされたとしても、やむを得ないであろう。しかし、皇位継承問題を背負って重祚した称徳が、道鏡との〝共治〟においてどのような解決策を見いだし展望を持っていたか、はなはだ疑問である。おそらくは、何の見通しも持てないままに〝共治〟に踏み切らざるを得なかったというのが実情であったろう。事実、道鏡との〝共治〟によって問題は解決するどころか、貴族たちに反感を募らせ、社会的混迷をいっそう強めることになる。そうした当時の状況を考えると、悪の権化として指弾の標的にされた道鏡もまた、時代の犠牲者であったといえよう。

結局のところ称徳朝の争乱は、草壁《くさかべ》皇統に連なるという嫡系意識を称徳が捨てきれず、皇位継承問題を先延ばしにしたことに、すべての原因がある。しかし、草壁嫡系の意識を持つことが使命であると両親から繰り返し教えられ、言い聞かされてきた称徳を思うと、全責任を称徳に負わせ、争乱の原因を道鏡個人になすり付けてしまうのは、酷ではなかろうか。称徳評にせよ、道鏡評にせよ、そのことを考慮して受けとめるべきと考える。

それよりも、右の称徳女帝評についてわたくしが留意したいのは、道鏡を「権力者」＝「悪人」と見る道鏡観は、すでに『続日本紀』が編纂された桓《かん》武《む》朝において、その原型ができあがっていた事実を示していることである。それから二、三〇年たった頃、嵯峨朝の成立といわれる『日本霊異記《にほんりょういき》』には、「弓削《ゆげ》の氏の僧道鏡法師、皇后（称徳）と枕を同じくして交通《まじわ》り、天《あめ》の下の政《まつりごと》を相摂《あいと》りて、天の下を治む」（下巻の三八）と記され、道鏡が称徳との男女関係という醜聞性において取り上げられていることを知る。そしてこれが導火線となり、鎌倉期の『古事談《こじだん》』や『愚管抄《ぐかんしょう》』などではその醜聞性がいっそう肥大化され、虚実ないまぜに面白おかしく語られるようになる。こうして道鏡を「妖僧」「怪僧」と見る、いわば悪の標本のようなイメージが定着していき、当然、それに伴い道鏡の実像は急速に見えなくなっていった。しかもそうした道鏡観は、こんにちに至るまで基本的には変わっていない。

ならば、道鏡の実像をどのようにとらえればいいのか。

現在でも、道鏡が流された下野（栃木県）には、下向途中の道鏡が一時期住んだという室の八嶋をはじめ、道鏡坂と呼ばれるゆかりの地名が残っている。道鏡が伝授したという「しぼり紙」の工法や「しもづかれ」という栄養食も伝えられている。

「しぼり紙」とは柔らかくて丈夫に工夫された和紙をいうが、もともと紙で作られた衣服（紙衣）は僧侶たちが愛用していた。道鏡によって伝えられたというその工法は、いまも地元の諏訪家（無形文化財）が伝承し、下野人形の製作に生かされている。また「しもづかれ」（地方によっては「すみつかり」とも）は、こんにち栃木県を中心に関東一円の郷土料理として知られるが、その昔、道鏡が、霜枯れで食物のない冬の季節に、畑に残っている野菜を細かく刻んで雑穀（大豆）と煮こんで食べることを教えたというものである。

道鏡だけではない、下野には称徳が道鏡を慕ってこの地にやって来たとの伝承もあり、称徳を祀る孝謙天皇神社やその孝謙に仕えた女官の墓と伝えられる塚もある。道鏡よりも称徳の方が先に亡くなったのだから、事実では有り得ないが、こうした道鏡と称徳女帝にまつわる伝承や遺跡は、北は宮城県から南は熊本県に至るまで分布している（田村豊彦・本田義幾『道鏡を守る会』誌）。しかも、それらのほとんどが好意的な伝承として伝えられている。配所の人びとから、藤原広嗣《ふじわらのひろつぐ》の怨霊によって殺されたと噂された玄昉《げんぼう》とは対照的である。玄昉は称徳の父、聖武天皇時代に重用された僧侶であるが、広嗣から名指しで排除を要求され、道鏡を遡ること二五年、天平十七年（七四五）、筑紫観世音寺に左遷され、翌年配所で没している。その死すら悪意をもって受けとめられた玄昉に対して、道鏡や称徳には、それだけ心を寄せる人も昔からいたのであろう。

にもかかわらず、こんにちに至るまで道鏡の悪人イメージが払拭されないできたのは、道鏡が社会的に何ら功績を残さず、僧侶でありながら、宗教的にもほとんど事績が伝えられていないということにつきると思う。後世に伝えられた功績や事績が大きければ大きいほど、悪のイメージは薄れていくものである。場合によっては悪評が帳消しにされ、時代の英雄や寵児とされた人物も、歴史上には少なくない。

道鏡が、自らの立場や行動について一切弁明することがなかったのも、悪のイメージを引きずってきた理由であろう。弁明する機会が与えられなかったのかも知れないが、道鏡にとって、それは最大の不幸であったというべきである。しかし最後の最後、称徳の遺骸が葬られた時、その山陵を離れようとせず、抜け殻のごとくになったという道鏡の姿は、残された生涯を称徳に捧げることの誓いの表れであり、わたくしには無言の弁明であったように思われる。

それでも結局、道鏡は悪人評価から脱却することは出来なかった。以後の道鏡は敗者として、その存在は切り捨てられ、歴史の中に位置づけるという作業がなされることもなく推移してきた。しかし、敗者ではあっても、道鏡や称徳の存在を抜きにした古代史論は有り得ない。本書では、道鏡にかけられてきたこれまでのフィルターをいっさい捨ててその実像をあぶり出し、道鏡を歴史の中に蘇らせてみたい。

なお本文中に引用の史料は、ことわらない限り『続日本紀』に収めるものである。

I

運命の出会い

1―法　華　寺
寺地はもと藤原不比等の邸で，光明皇后に伝えられ，総国分尼寺として整備された．保良宮を引き上げた孝謙は出家して，この法華寺に入っている．

1　保良宮のこと

保良宮の造営

道鏡《どうきょう》が孝謙《こうけん》女帝にはじめて出会うのは、近江の保良宮《ほらのみや》においてである。天平宝字《てんぴょうほうじ》六年（七六二）ごろと思われる。孝謙は四年前に大炊《おおい》王《おう》こと淳仁《じゅんにん》天皇に譲位し、太上天皇となっていた。その孝謙が淳仁とともに出かけた保良宮に滞在中、病《やまい》に陥り、看病に侍したのが道鏡である。そして、そのことが道鏡の運命を狂わせることになる。

二人の出会いの場となった、その保良宮の話からはじめたい。

保良宮というのは琵琶湖の南、石山寺《いしやまでら》の近くに営まれた都である。宮の所在地として、たとえば、保良の地名を伝える洞神社跡の近くに、保良宮の礎石と伝える「へそ石」があるが、地形からみてこの地に広大な宮殿が営まれたとは考えられず、瀬田唐橋《からはし》の西詰めに広がる丘陵地一帯というぐらいにしか限定できない。

保良宮の造営が始められたのは道鏡が孝謙に出会う三年前、天平宝字三年（七五九）十一月のことで、造宮輔《ぞうぐうのすけ》中臣丸連張弓《なかとみのわにのむらじはりゆみ》・越前員外介《えちぜんいんがいのすけ》長野連君足《むらじきみたり》らが遣わされ、同五年正月には司《し》門衛督《もんえのかみ》（衛門督）粟田奈《あわたのな》勢《せ》麻呂《まろ》らを派遣して、諸司の史生《ししょう》以上の者に保良京内での住宅地を班給している。十月に入ると「都を保良に遷すをもってなり」（『続日本紀《しょくにほんぎ》』）との理由で藤原仲麻呂《ふじわらのなかまろ》に稲一〇〇万束、船親王・池田親王らに各一〇〇万束が与えられ、ついで諸王・女官らにも稲を支給している。いわば住宅助成金である。

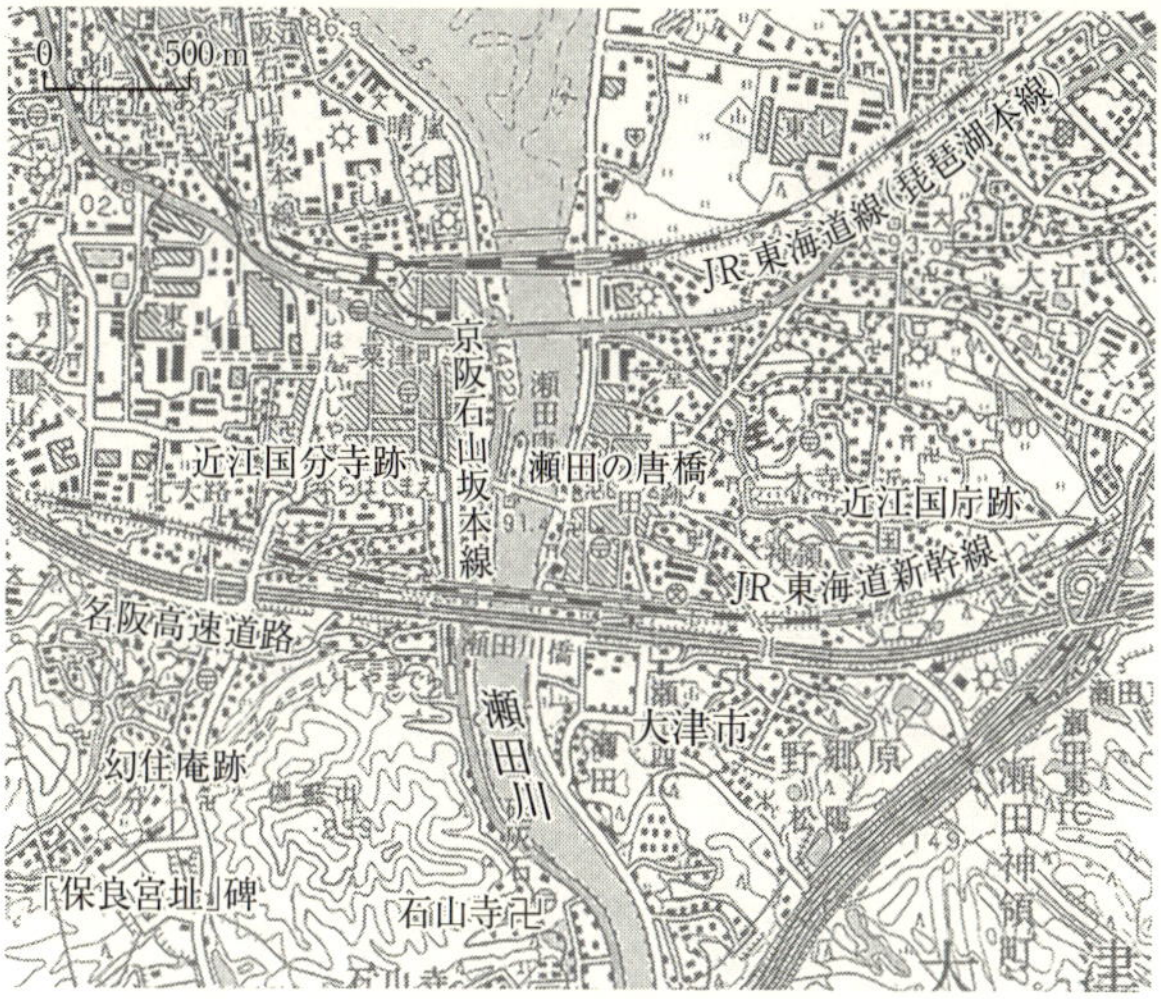

2── 保良宮（北京）推定地地図

仲麻呂に対する破格の支給額は、権勢の大きさを物語っているが、関係者へのこうした賜稲は、造都事業の一環としてどの遷都時でも見られるものであり、保良宮を離宮ではなく、本格的な宮都として造営しようとしていたことが知られる。そのことは、保良宮の近くにあった石山寺が鎮護の寺とされ、ただちに整備事業が開始されていることからも明らかである。

孝謙が淳仁天皇とともにその保良宮に行幸したのは天平宝字五年（七六一）十月十三日、先の賜稲が行われて二日後のことである。十九日には二人そろって保良京の近江按察使《あぜち》藤原御楯《みたて》（仲麻呂の娘婿）邸、ついで仲麻呂邸に赴き、宴飲のひとときを過ごし歓を極めたという。仲麻呂ら主な貴族たちの邸宅はほぼ完成していたのであろう。

そして二十八日、淳仁は詔を下して、「平城宮を改作せんがためにしばらく移って近江保良宮に御す」、すなわち平城宮の修改築によって保良宮に遷御したことを表明し、造宮関係者や近江の国郡司らに叙位や賜物を行っている。さらに淳仁はこの日、勅を出して、「朕、思ふ所ありて北京を造らむことを議《はか》る。時の事由《じゆう》によりて、しばらく移りて遊覧するに、この土（地）の百姓すこぶる差科《さか》に労せり。仁恕《じんじょ》の襟《きん》、何ぞ矜愍《きょうびん》することなからむ」（朕は思うところがあって、北京すなわち保良京を造営しようと考えている。そんなことからしばらくこの土地に移って遊覧すると、人々が課役の挑発に疲れているのを知り、なんとかして哀れみを施したい）として、都（保良宮）に近い滋賀・栗太《くりた》二郡を畿県《きけん》とし、畿内と同じように庸を全免、調についても二分の一を出させることにしている。平城京の畿内と同様に扱うことで負担の軽減をはかっており、ここでも保良宮が平城京に匹敵する宮都として計画されていたことを知る。

ちなみに北京とは南方の平城京に対する呼称である。唐の則天武后《そくてんぶこう》が太原府《たいげんふ》を北都と定めたのを、その後玄宗《げんそう》皇帝が北京と改称した、その呼称を模したものと考えられている。造営の推進者が唐風好みの仲麻呂であったとなれば、有り得ることである。

年が明けて天平宝字六年元旦の朝賀は、保良宮室が未完成のために中止されている。しかし三月には「保良宮の諸殿と屋・垣、諸国に分配して、一時に功を就《な》す」（宮殿の建物と屋根・築地塀は諸国に

表1　小治田宮への遷御関連年表

天平宝字4年（760）	8・14	播磨国などの糒を小治田宮に貯える
	8・18	小治田宮に行幸．全国の調庸を小治田宮に収納
	8・22	新京（小治田宮）の僧尼たちに新銭を賜う
	8・26	新京の高年の僧尼34人に絁・綿を施す
天平宝字5年（761）	1・1	小治田宮が未完成により元日の朝賀を中止
	1・7	小治田宮に遷御した詔
	1・11	平城宮に還御
	10・13	保良宮行幸

分担して請け負わせ、工事は短期間で完成した）とあるから、その後宮殿部分は突貫工事で造営され、この頃には一応の体裁を整えたようである。

条件づくりの小治田宮遷御

保良宮造営中の出来事として、気になることがある。孝謙と淳仁が保良宮に遷御する（天平宝字五年十月）に先だって、いったん飛鳥の小治田《おはりだ》（岡本）宮に移御していることである。

それは造営が始まった翌年のこと、天平宝字四年（七六〇）八月十四日、播磨・備前・備中・讃岐国の糒《ほしいい》合わせて三〇〇〇石を小治田宮に転送させ、十八日、孝謙と淳仁は平城京から小治田宮に行幸している。突然の遷御であった。しかもこの日、その年の全国の調庸物をこの小治田宮に収納させている。それだけではない。二十二日には「新京（保良宮ではなく、この場合は小治田宮をいう）」の大小の寺院・僧綱《そうごう》や大尼（特別待遇を受けた尼）・神主たち、主典以上の官人たちに新銭を賜与し、二十六日には同じく新京に住む高齢の僧尼三四人に絁《あしぎぬ》や綿を施している。思いつきの行幸でないことを思わせる。

この小治田宮への移御については、明けて五年正月七日に詔が下され、「大史局《たいしきょく》（陰陽寮）、事を奏することに有るによりて、暫く移りて小治田岡本宮に御す」（陰陽寮から奏上してきたことによって、しばらく小治田岡本宮に移ることにする）と述べられ、五ヵ月たってはじめて小治田宮へ遷御した理由が説明されている。といって具体的には何ひとつ明らかにされてはいないが、平城宮を離れなければならない理由が陰陽寮によって占われたというのであろう。

奇異なのはこの詔が出された四日後（正月十一日）には、小治田宮にいた孝謙・淳仁らが平城宮に還御していることである。ただし平城宮はこの時改作中であったのか、武部曹司《むぶのそうし》（兵部省）を御在所としている。これも、じつに理屈に合わない還御である。

この小治田（岡本）宮は、六世紀の初め、豊浦宮《とゆらのみや》についで推古女帝の営んだ小墾田宮《おはりだのみや》の跡であろう。推古が亡くなって一世紀半も経ったこの時期でも、仮宮殿となり得るほどの建物や倉庫群があり、大規模な宮であったことが知られる。豊浦の北西にある古宮《ふるみや》土壇がその跡と伝えられてきたが、そこよりは東、雷丘《いかずちのおか》東方で発掘された建物跡（雷丘東方遺跡）から「小治田宮」「小治宮」と記す墨書土器が出土した他、奈良時代の倉庫群や井戸枠なども発見されており、淳仁時代の宮の所在地としては、こちらの方がかなり有力になっている。

それにしても不可解な小治田宮への移幸であるが、どうやら保良宮への遷都に向けての条件づくりであったように思われる。

遷都の予兆

この時期、保良宮の造営・遷都に邁進する仲麻呂の最大の懸念は人心の動向であった。すでに東大寺《とうだいじ》盧《る》舎那《しゃな》仏《ぶつ》の開眼供養（七五二年）が終わり、聖武《しょうむ》天皇の離京によって五年間放置されていた平城宮（聖武は七四〇年から七四五年までの間、平城京を留守にしていた）の再建工事もほぼ終了して政情はようやく安定しつつあったから、保良宮への遷都を実現するのは容易でない。相応の理由が求められた。しかも、ただでさえ遷都に反対の声はつきものである。そのためどの遷都においても、直前に異変が起こっている。

3—「小治田宮」墨書土器

　時期は遡るが、たとえば蘇我氏が打倒された、いわゆる大化改新（六四五年）後、飛鳥から難波に遷都された時には、それに先立ちネズミの大群が飛鳥から難波に向けて大移動するということがあった。さては遷都の前触れだったのか、と老人たちが語ったという話が『日本書紀』に記されている。事の真偽はともかく、こうした異変を事態の予兆と受けとめる風潮が飛鳥時代以来の社会現象となって、遷都前後にしばしば表れている。人心動向への対応策であり、いわば民心誘導である。

4—保良宮のへそ石

5—へそ石から道路をはさんだ山中に建つ保良宮址の碑

博識をもって知られる仲麻呂がそうした遷都の故事を知らないわけがない。小治田宮への移幸は、保良宮遷都への地ならしであり、仲麻呂が故事にならって企てたものと、わたくしは思う。すなわち陰陽師に占わせて、平城宮を離れなければならないとまず奏上させ、それを理由に淳仁・孝謙をいったんは小治田宮へ移幸させ、遷都の兆しに見せかけようとしたに違いない。そして、その間平城宮の修改築に着手したのであろう。

こうして条件づくりをした上で一度平城宮に戻り、今度は平城宮の改作を理由に保良宮への遷幸を実現したものと思われる。先にみた下級役人に対する保良京の宅地班給は、小治田宮にいた淳仁らが平城宮に還御して十日後のことであり、その間にも、遷都に向けて保良宮の造営工事は着々と進められていたのである。しかも保良宮遷都が仲麻呂の独断専行によるものでないことを証明するため、淳仁に「朕、思ふ所ありて北京を造らむことを議る」と述べさせ、それが天皇の意思によるものであることを強調しているあたり、奸知にたけた策士仲麻呂を彷彿とさせよう。むろん、遷都が仲麻呂主導によるものであることはいうまでもない。

保良宮遷都を実現するまでの経緯は、じつに回りくどい。しかしすべてが計算ずくであり、いかにも仲麻呂らしいやり方であったといえる。

仲麻呂の関心

それにつけてもこれほどまでして、なぜ仲麻呂は保良宮を造営しようとしたのであろうか。

ひと言でいえば、保良宮は新羅出兵のための拠点であり、仲麻呂が防衛基地として造営した宮都であった。

仲麻呂が新羅への出兵計画を具体的に展開しはじめるのは、天平宝字三年（七五九）頃からである（表2〈一六頁〉参照）。この年六月、大宰府に命じて新羅攻撃の行軍式（作戦書）を作らせたのをはじめ、九月には諸国に軍船五〇〇艘の建造を命じている。保良宮の造営が開始されたのは二ヵ月後の十一月で、同五年正月、少年に新羅語を習わせ、七月には九州諸国に甲刀弓箭を造備させるなど、大規模な新羅出兵計画を推進していた。さらに翌六年十一月には出兵の軍旅を調習するために香椎廟《かしいびょう》に奉幣《ほうへい》しており、計画は実行寸前にまで至っていたと思われる。

この時期、仲麻呂の目は新羅出兵の一点に向けられていたといってよいが、それにしても半ば狂気じみた仲麻呂の計画を、どのように理解すればいいのか。

表2　新羅出兵と保良京

孝謙	天平勝宝5年(753)	1・1	唐朝で遣唐使と新羅使が座次を争う（これに抗議するも，新羅が拒否）
淳仁	天平宝字2年(758)	12・10	遣渤海使，安禄山の乱の報を伝える
	3年(759)	6・18	新羅征討のため大宰府に行軍式を造らせる
		8・6	香椎廟に新羅征討の旨を奏上
		9・4	新羅帰化人で帰国を願う者の送還を大宰府に命じる
		9・19	新羅征討のため諸国に船500艘の建造を命ず
		11・16	保良宮の造営開始
	4年(760)	4・28	新羅人131人を武蔵国に配置する
		9・16	来朝の新羅使に礼なしとして追却する
	5年(761)	1・9	新羅征討のため美濃・武蔵の少年に新羅語を習わせる
		1・21	保良宮において以上に宅地班給
		10・11	保良遷都により仲麻呂らに賜稲
		10・13	保良宮行幸
		10・16	保良京を北京，二郡を畿県とする
		7月	九州諸国に甲刀弓箭を造備せしむ
		11・3	節度使を任じ船394隻，兵士40700人などを検定
	6年(762)	3・25	保良宮の造営を諸国に分配して急がせる
		11・16	新羅征討の軍旅調習のため香椎廟に奉幣
	7年(763)	2・10	新羅使来朝，前約に違反すると通告
	8年(764)	7・17	東海道節度使を停止
		7・19	新羅使来朝
		9・11	藤原仲麻呂の乱，仲麻呂敗死する（9・18）

これより前、天平宝字二年（七五八）十二月、渤海《ぼっかい》から帰国した小野田守《おののたもり》（遣渤海使）から唐国の内乱（安禄山《あんろくざん》の反乱）が報告されている。節度使《せつどし》の安禄山が大規模な反乱をおこして国内が大混乱に陥っているというものであった。報告を聞いたその日、ただちに大宰府に対して淳仁の勅が下され、万全の防備をとるように命じている。仲麻呂の新羅出兵計画が具体化するのがその翌年であ

ることからすれば、政局の混迷する唐国内の内紛を、新羅出兵の好機ととらえたことは間違いない。そこで思い当たることがある。

鎌足の名誉挽回

仲麻呂の時代から遡ることおよそ一〇〇年、斉明《さいめい》天皇六年（六六〇）十月、新羅・唐連合軍の侵略をうけた百済は首都が陥落し、滅亡した。しかしその遺臣たちは、国を再興するために、わが国に兵の救援と、王子（余《よ》）豊璋《ほうしょう》の百済への返還を求めてきた。豊璋は百済国の義慈王《ぎじおう》の子で、これ以前わが国に人質として送られていたが、この豊璋を国王につかせて再興しようというのである。中心となったのは百済の高級官僚、鬼室福信《きしつふくしん》であった。

時に皇太子であった中大兄皇子《なかのおおえのおうじ》（のちの天智《てんじ》天皇）は福信の求めに応じて、豊璋を本国へ送還するとともに、多数の援軍を派遣する。しかし肝心の百済では、すでに内紛状態となっていた。福信と豊璋とが不和となり、福信は謀反の罪を問われて殺されてしまう。百済国内がこのような状況であったならば、戦う以前から勝敗は明らかであったろう。案の定、わが国は唐・新羅の連合軍に大敗を喫した。六六三年のこと、いわゆる白村江の戦いがそれである。

豊璋は高句麗に逃亡し、百済国は滅亡した。敗戦を知った中大兄は北九州の防備を強固にするとともに、都を飛鳥から近江に遷している。

朝鮮半島における大敗は、中大兄に大きなダメージを与えた。しかし、中大兄とともに政治改革を進めてきた中臣鎌足《なかとみのかまたり》が受けた衝撃はそれ以上に深刻であったろう。のち、死の床に伏した鎌足を見舞った天智天皇が、必要なものはないかと尋ねたのに対して、鎌足は、「生きては軍国に務《つとめ》無し。死して何ぞ敢えて重ねて難《なやま》さむ」（生前は国の軍事に対する責務を何ひとつ果たしておりませんのに、死に際してまで煩わせることは出来ません）と述べている（『日本書紀』天智八年十月十日条）。亡くなる六日前であるが、百済救援の失敗が死の間際まで凝《しこり》となり、鎌足の心に重くのしかかっていたのである。

この鎌足こそ仲麻呂の曾祖父である。仲麻呂は当時、藤原氏家伝《かでん》（藤原氏の祖先伝記）の執筆を通してその功業顕彰に努めており、仲麻呂の脳裏には、鎌足の屈辱が骨の髄まで深く刻み込まれていたに違いない。鎌足の名誉を挽回する機会をうかがっていた仲麻呂が、唐国の内乱を知った時、中大兄・鎌足らが果たせなかった新羅攻撃を計画し、ただちに武力侵略の準備に入ったのは、自然の成り行きであったと思う。保良宮はそのための防衛拠点として造営された宮都であった。

仲麻呂が異常なまで保良宮の造営・遷都にこだわったもう一つの理由は、近江国が藤原氏と深い関係を持つ土地だったからである。

藤原氏と近江国

藤原氏と近江との関わりは、先に述べた白村江の大敗後、近江大津宮に遷都（六六七年）されたことに始まる。鎌足は、遷都後、この大津と西国を結ぶ交通の要地、山科（京都市）に居を構えている。天智天皇が病床の鎌足を見舞ったというのもこの邸宅で、没する前日、鎌足は天智から「藤原」の氏名を与えられている。これが藤原氏の始まりであり、大津・山科は、いわば藤原氏発祥の地だった。

近江と藤原氏との関係は和銅《わどう》五年（七一二）、仲麻呂の父武智麻呂《むちまろ》が近江守に就任することによって、より密接となり、天平十七年（七四五）には、仲麻呂が武智麻呂のあとをついで近江守に就任している。親子二代にわたる着任である。それ以来、仲麻呂は紫微令《しびれい》・紫微内相《ないしょう》などの要職を歴任しながら、長期にわたり（わかっているだけでも一三年間）このポストにあり続ける。仲麻呂がいかに近江国を重視していたかを知るが、それはたんに交通の要地というだけでなく、近江が一族のいわば〝原点〟でもあったからである。

その近江国内の一二郡を、仲麻呂は保良宮の造営が開始された翌天平宝字四年（七六〇）八月、祖父不比等《ふひと》に封《ふう》として与え、「淡海公」の称号を贈っている。唐の封爵《ふうしゃく》制（諸侯に領地を与え官爵を与える制度）にならって特定の国の支配者とする制度であるが、不比等に与えられた称号は、むろん名目的・栄誉的なものである。食封《じきふ》などの特典が付与されていたわけではない。

仲麻呂の意図は明らかである。不比等は祖先（鎌足―不比等―武智麻呂）の中では唯一人、近江国との関係を持たない。その不比等に「淡海公」の称号を贈ることで不比等を顕彰するとともに、近江国が一貫して藤原氏と結びつきの強い土地であるという事実を作り出すためであった。仲麻呂の思慮深さは、それを保良宮の造営開始の翌年に行っていることで、これによって近江に対する関心と、保良宮遷都への気運が高められたことは、間違いない。すべては仲麻呂の計算通りであったろう。

保良宮は新羅出兵の拠点であるとともに、仲麻呂にとっては、祖先顕彰の記念碑ともいうべき場所であった。その意味で近江（保良宮）への遷都は一世一代の大仕事であり、仲麻呂が権力を掌握するための総仕上げとなる事業であったといってよい。

しかし、仲麻呂のこの新羅出兵は実現しなかった。そればかりか、保良宮では仲麻呂の予想もしなかった事態が起こりつつあった。

仲麻呂が予想もしなかった事態とは――。孝謙女帝と僧道鏡との間に生じた関係である。保良宮で病の孝謙女帝を看病した道鏡が、寵を受けるようになり、それを諫言した淳仁・仲麻呂と孝謙とが仲違いをして、ともに保良宮を引き上げることになる。天平宝字六年（七六二）五月のことである。仲麻呂が心血を注いだ北京・保良宮は、わずか七ヵ月の命脈にすぎなかった。

2　看病禅師道鏡

弓削氏と物部氏

道鏡が、いつ生まれたかはわからない。両親が誰であったのか、出自もその前半生も明らかでない。『続日本紀』に、「道鏡、俗姓は弓削連《ゆげのむらじ》、河内の人なり」（宝《ほう》亀《き》三年四月六日条）とも、「河内国若江郡の人」（天応《てんおう》元年六月十八日条）ともあり、弓削氏の一族で生地が河内国であったことだけは確かである。

弓削氏は、文字通り弓造りに従事する部の伴造《とものみやつこ》（統率者）で、河内国若江郡弓削郷を本拠地とする氏族である。現大阪平野の東部、八尾市を流れる長瀬川（旧大和川の本流）の両岸に、いまも二つの弓削神社が存在する。東弓削（旧若江郡）と弓削（旧志紀郡）に鎮座する氏神である。一族は長瀬川を挟んだこの辺り一帯に居を構えていたのであろう。

　この弓削郷（旧若江郡）に接して渋川郡が存在する。仏教受容をめぐって蘇我氏と対立した物部氏の本拠地である。伝えによると、弓削の地はこの物部氏の所領地であったともいい、弓削氏と物部氏とは、早くから深い関係をもっていたことを思わせる。それは、古代氏族の系譜を記す『新撰姓氏録《しんせんしょうじろく》』（八一四年に完成、翌年嵯峨天皇に奏進）に、弓削連と物部連が同祖とされていることからも知られよう。ただし、物部氏は蘇我氏とともに大化前代の朝廷を支えた大豪族であり、弓削氏がその物部氏と同格の氏族であったとは思えない。というより、朝廷での弓削氏の地位ははるかに低く、弓削氏は物部氏の勢力下に組み込まれ、弓造りの部の伴造として物部氏に仕えたものと考えるのが妥当であろう。

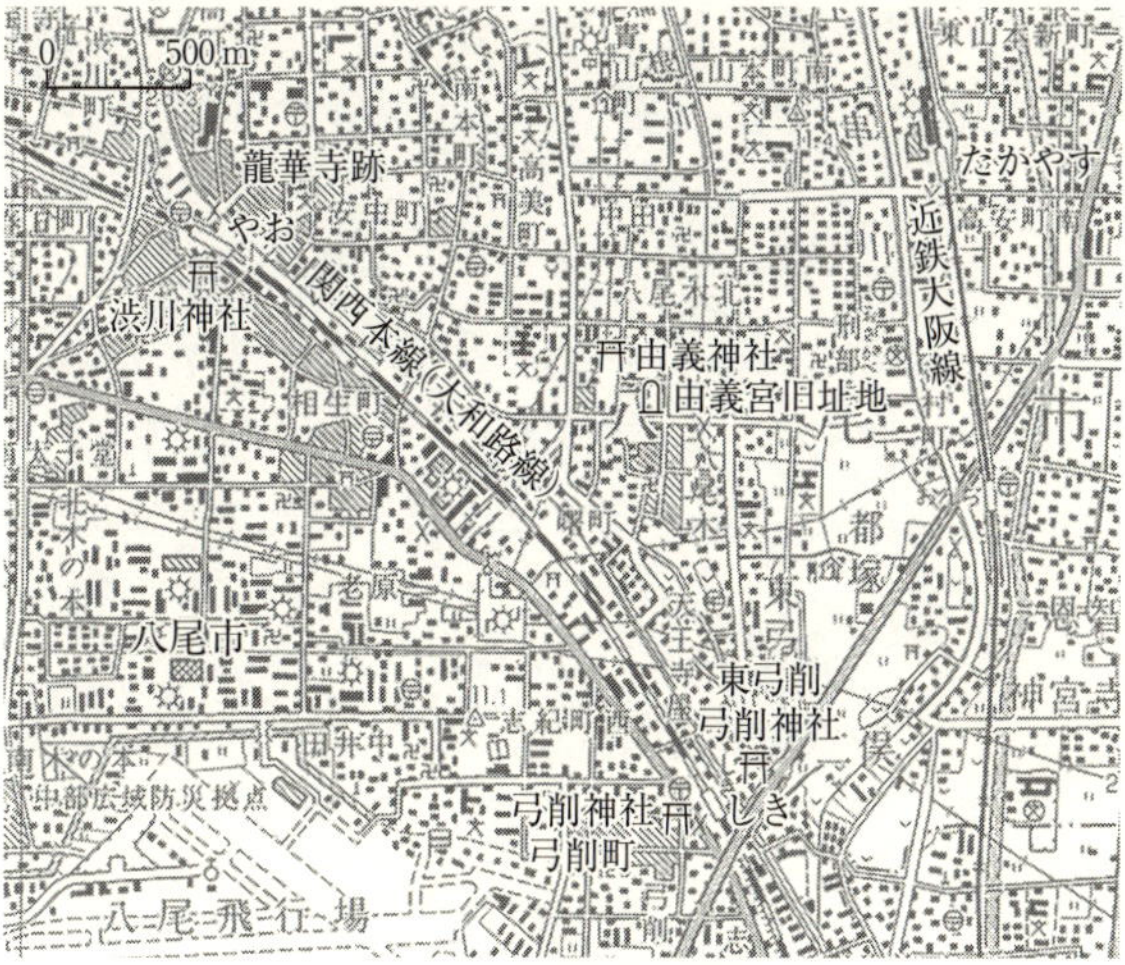

6── 弓削地方略図

　ちなみに物部氏の祖先伝承を記す『先代旧事本紀《せんだいくじほんぎ》』（平安初期に編纂）には、物部尾輿《おこし》は弓削連一族の娘と結婚して、二人の間に生まれたのが物部守屋《もりや》（蘇我馬子《うまこ》に滅ぼされた）であると見え、また「物部守屋大連公、弓削大連という」とも記している。母の出自が弓削氏であったことから、守屋は物部の氏名以外に、母方の弓削も名乗ったというのである。『日本書紀』でも、守屋は「物部弓削守屋大連」（敏達《びだつ》元年四月条・同十四年三月一日条など）と記述されている。守屋の時代、両氏が密接な繋がりをもっていたことは間違いないであろう。

興味深いのは、孝謙の寵愛が道鏡に向けられたことを妬んだ仲麻呂が、道鏡を退ける口実として孝謙に進言した際、道鏡は物部氏の子孫であると非難していることである。『続日本紀』に見えるもので、次のように記す（天平宝字八年九月二十日条）。

7―弓削神社（弓削町）

この禅師（道鏡）の昼夜朝廷を護り仕へ奉るを見るに、先祖の大臣《おおおみ》として仕へ奉りし位《くらい》名を継がむと念ひてある人なりといひて、退ぞけたまへ、と。

仲麻呂が言うには、道鏡が忠勤を励むのは、道鏡の先祖が得た「大臣」という地位と名を受け継ごうと野心を抱いているからで、朝廷から退けるべきである、と。

仲麻呂が名指しした「先祖の大臣」とは物部弓削大連守屋のことである。物部氏の子孫である道鏡は、先祖の守屋にならって権力を握ろうとしていると、仲麻呂は指弾したのである。

道鏡のルーツが物部氏であるという確証はない。仲麻呂が道鏡を非難する口実として、国家の反逆者として討滅された物部氏を持ち出したのか、それとも道鏡が自らの出自を権威付けるために本拠地の大豪族を名乗ったのか、定かでないが、道鏡の出た家は弓削氏の中でも傍系で、一段と格が低かったようだ。天武《てんむ》十三年（六八四）、八色《やくさ》の姓《かばね》が定められた時、弓削（連）の本宗家が弓削宿禰《すくね》を賜姓されたのに比して、道鏡の家は賜姓されることなく、従前通り連《むらじ》姓を称していたのが、そのことを物語っている。

確かなのは、道鏡の故郷が物部氏の本拠地に近接する河内国若江郡であったということである。

道鏡皇胤説

それよりも道鏡の出自について気になるのが、道鏡を皇胤《こういん》（天智天皇の孫）とする説である（『僧綱補任《そうごうぶにん》』『七大寺年表《しちだいじねんぴょう》』など）。『本朝皇胤紹運録《ほんちょうこういんじょううんろく》』（京都大学附属図書館所蔵、平松文庫）では具体的に、天智の子の志貴《しき》（施基）皇子の子として「光仁天皇」「壹志王」らとともに「弓削朝臣浄人」（道鏡の弟）、「道鏡法師」の名が記されている。また栂尾高山寺《とがのおこうざんじ》所蔵の『宿曜占文《すくようせんもん》抄《しょう》』（道鏡伝）にも、「道鏡、天智天皇の孫、□□王第六子、河内国弓削氏、西大寺《さいだいじ》法相宗の人なり」とある。「□□」は判読できないが、先の『本朝皇胤紹運録』などの記載から判断して志貴王（皇子）のことと推測され、道鏡は天智の子、志貴皇子の第六子と考えられている。

志貴皇子は、天武が壬申《じんしん》の乱後、皇族の一致団結をはかるため、皇后持統《じとう》をはじめ皇子らと吉野に

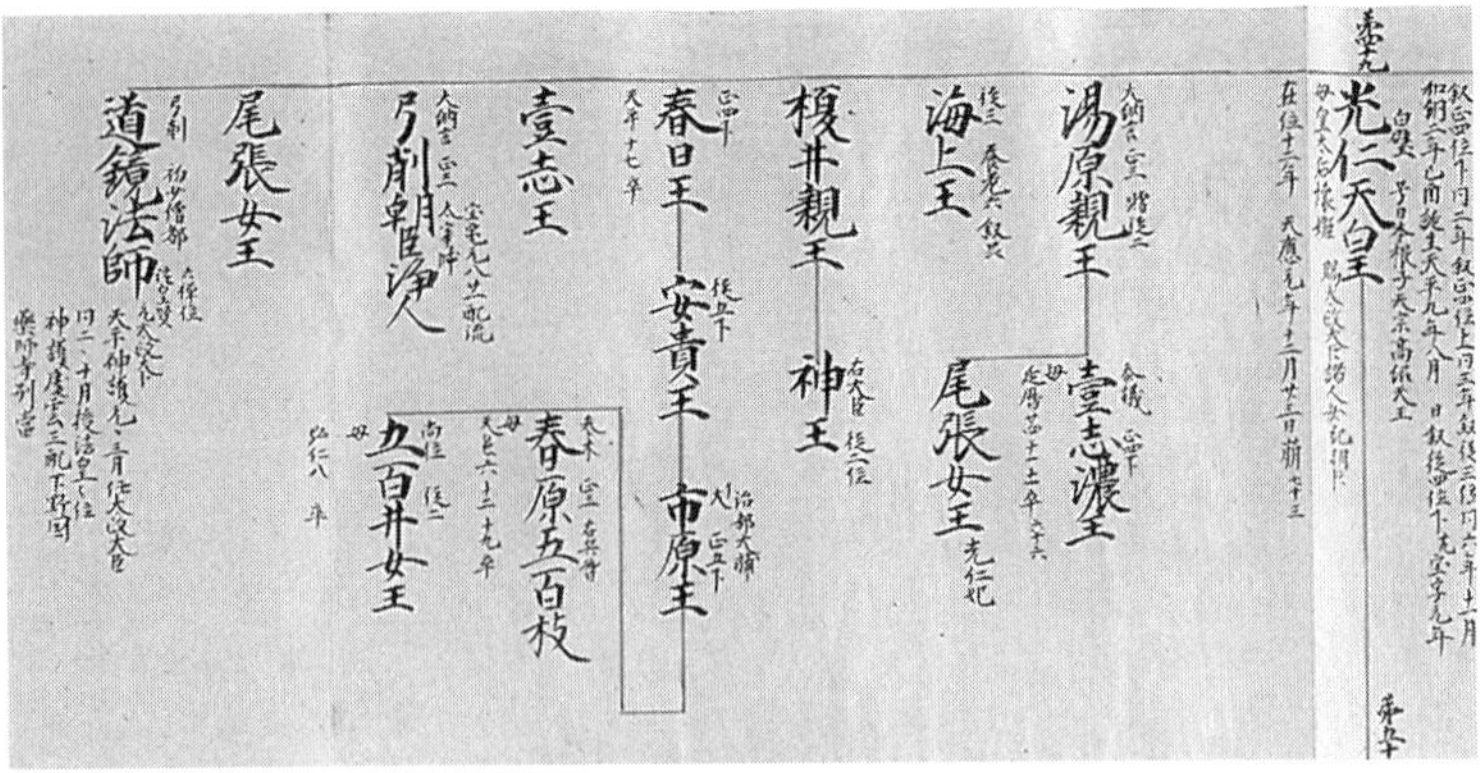

8―『本朝皇胤紹運録』

出かけて誓約をかわした、いわゆる「吉野の盟約」（六七九年）に参加した一人で、天智の子でありながら、天武の子としての扱いを受けたことで知られる。

皇胤説は、道鏡がこの志貴の子であったというものだが、志貴皇子については生年が明らかでなく、また道鏡も弟の浄人《きよひと》についても生年は不明である。したがって、道鏡兄弟が志貴の子（すなわち天智の孫）であったとすれば、志貴の最晩年の子（皇子は七一六年に没。道鏡は七七二年に没）とみなければならない。

しかし、道鏡皇胤説は成り立たないと思う。後述するように、道鏡を皇位につけよとの神託を確かめるために宇佐神宮《うさじんぐう》に遣わされた和気清麻呂《わけのきよまろ》が持ち帰った託宣は、天皇には必ず皇族をたてよ、というものであり、これを聞いて女帝（称徳《しょうとく》）だけでなく道鏡も、皇位を諦めているからである。それは、道鏡が皇族でなかったこと、すなわち志貴の子でなかったことを物語る。神託は、皇族でないという道鏡の最大の弱点を突くことで、その野望を阻止するために下されたものであった。

それならば、道鏡が志貴皇子の子であるという説は何を根拠に生まれたものなのか。とくに「□□王の第六子」という表記は具体的であり、拠り所があっての記載であったことを思わせる。

まず、道鏡が志貴皇子の子とされたことについて、これは河内国弓削の地に隣接する志紀郡との関係によるものであろう。志貴皇子の名がこの志紀郡に由来するとみられるからである。しかも前述したように、この志紀郡にも弓削神社があり、弓削氏の支配地になっていたことから、志貴皇子が道鏡と結びつけられたものと思われる。

難解なのは、道鏡を「□□王の第六子」、すなわち志貴皇子の「第六子」とする根拠である。これについて唯一思い当たるのは、『日本書紀』に、「天武天皇の第六の皇子なり」（文武三年七月二十一日条）と記す弓削皇子である。

天武天皇の第六子、弓削皇子は持統天皇の時代、軽《かる》皇子（のちの文武天皇）の擁立をめぐる会議で、軽を推した葛野王《かどのおう》に異を唱えようとして、逆に葛野王に制せられたという人物である。「弓削」という皇子の名前の由来は明らかでないが、皇子が弓削氏出身の道鏡と結びつけられることは容易に察しがつく。

皇胤説では道鏡を「天智天皇の孫」としており、道鏡が、天武天皇の第六子弓削皇子では有り得ないが、「□□王の第六子」と記す出どころは、この弓削皇子であったことは間違いないと思う。

志貴皇子といい弓削皇子といい、いずれもその名前が道鏡にゆかり深いものであったこと、その上

「吉野の盟約」で、天智皇子の志貴が天武の皇子としての扱いを受けたことから、志貴・弓削の二人が一緒くたにされ道鏡の祖として伝えられるようになったのであろう。むろん道鏡の祖先であるという確証があるわけではないが、二人とも道鏡と結びつけられる可能性は十分にあった。

道鏡の皇胤説は平安末期から流布しはじめる。志貴皇子・弓削皇子の二人が、それぞれの名前から道鏡と結びつけられ、さらに二人がミックスされて道鏡の祖先に仕立てられ、こんにちに伝えられている、というのがわたくしの理解である。

なお、これはまったくの余談であるが、もし道鏡が志貴皇子の子であったとすれば、白壁王《しらかべおう》こと光《こう》仁《にん》天皇とは異母兄弟ということになり、称徳没後、道鏡はこの兄（弟）、光仁天皇によって追放されたことになる。光仁は、のちに皇后の井上内親王《いのうえないしんのう》と子の他戸親王《おさべしんのう》を廃后・廃太子して追放するから、道鏡の追放も有り得ないことではないが、そうだとすれば、光仁は三人までも身内を放逐したことになろう。前半生は、皇位争いと無縁の、比較的穏やかな生活を送っていた光仁であったが、最晩年になり即位して以後の人生は、悲しみの多い苦しいものであったに違いない。

それはともかく、このように見てくると、志貴皇子の子という道鏡皇胤説は、まず成り立たないといってよいであろう。

沙弥から禅師へ

ところで、道鏡の名がはじめて史料に表れるのは、天平十九年（七四七）、東大寺の良弁僧正《ろうべんそうじょう》の使いとして見えるもので、「沙弥《しゃみ》道鏡」とある（『大日本古文書』）。

紫香楽《しがらき》での大仏鋳造に失敗した聖武天皇が平城京に戻って二年、東大寺での造立事業が再開されている最中、道鏡は、いわば見習い僧のような立場で良弁の下にあったことが知られる。良弁は東大寺建立に尽力し、当時その中心人物として活躍していた僧侶である。

ただしこれ以前、道鏡がどのような生活を送っていたかは明らかでない。『僧綱補任』（天平宝字七年条の裏書）に、「義淵《ぎえん》僧正の弟子にして、初め葛城山に籠もり、如意輪法を修し苦行きわまりなし」とあり、大和葛城山に籠もり苦修練行の生活を送っていたと考えられている。葛城山は道鏡の故郷弓削に近い山であり、修験の霊場として知られる。かつて呪術で名を馳せた役行者《えんのぎょうじゃ》（役小角《えんのおづぬ》）が修行した山といい、呪験力を身につけるための修行にふさわしい雰囲気をもっている。道鏡が孝謙太上天皇の病気治癒で発揮した呪験力も、この葛城山時代に培われたものといってよいであろう。のちに道鏡の腹心となる円興《えんこう》も葛城出身であり、円興とは葛城山の修行を通じて早くから親交を結んでいたのかも知れない。

ただし道鏡が、早くから仏門に入ることを決心していたかというと、そうではないらしい。

青年期の道鏡は、路真人豊永《みちのまひととよなが》を学問の師として仰いでいたようだ。豊永は明経・文章などを教える大学寮（儒学）の博士であったといい、和気清麻呂が宇佐八幡神《はちまんしん》の託宣を確かめにいく際、道鏡が天皇になったら私は仲間とともに山中に逃れて、現代の伯夷《はくい》となるだけだ、と言った人物である。

伯夷とは、中国殷《いん》の時代の人で、周の武王が殷の紂王《ちゅうおう》を討つというので、弟叔斉《しゅくせい》とともに武王に対して、臣が君を弑《しい》するのは人の道に反すると諫言したが聞き入れられず、周王朝が成立すると、不義の粟《ぞく》を食わずといって叔斉と共に餓死したと伝える。豊永は、そうした伯夷のように餓死した方がマシだと言ったのであるが、そんなことから道鏡は青年期、大学に籍を置き豊永に師事する学生ではなかったかと考えられている。

その道鏡が仏門に入った動機は明らかでないが、大学での学問に満足しきれないものがあったのであろう。そうした経歴は、平安時代のことになるが、讃岐国から上京して大学に入った後、官人への道をすてて僧界に転身した空海と重なるものがある。

道鏡が仏門を目指して、最初に師事したのが義淵僧正である。義淵は法相宗《ほっそうしゅう》の碩学《せきがく》として知られ、僧正にまでなった人物である。弟子には行基《ぎょうき》や道慈《どうじ》、玄昉《げんぼう》など、いずれも聖武天皇時代に活躍した僧侶たちがいる。当時無名の沙弥にすぎなかった道鏡が名を知られるのはもっと後のことであるから、義淵にとっては晩年の弟子であったと思われる。

ちなみに沙弥時代の道鏡が師事した良弁も義淵の門下であったというから、道鏡が東大寺に入って良弁に師事したのは、義淵が神亀《じんき》五年（七二八）に亡くなったあとのこととみてよいであろう。

内供奉

道鏡の仏教については、「ほぼ梵文《ぼんもん》に渉《わた》りて、禅行を以て聞ゆ。これによりて内道場《うちのどうじょう》に入りて、列して禅師となる」（宝亀三年四月六日条）と記されている。梵文すなわちサンスクリットに堪能であり、難行苦行の禅行を積んで知られていたという。入唐経験のない道鏡がサンスクリットに通じていたというのは、独学であったにせよ、よほどの勉学を積んだに違いない。

そうした道鏡は、やがて内道場に供奉する一人として迎えられ、禅師《ぜんじ》の地位を得たのであろう。内道場とは宮中に設けられた礼拝修行の場所で、そこに供奉する僧侶を内供奉《ないぐぶ》（略して内供とも）といい、智徳のある高僧が選ばれた。義淵の弟子で、聖武天皇や光明《こうみよう》皇后の信任を得たことで知られる玄昉の卒伝に、「尊びて僧正とし、内道場に安置す」と見えるのが内道場の初見であるが（天平十八年六月十八日条）、同種の施設は早くから存在したようで、天智天皇の晩年からすでに宮中に設けられていたともいわれている。

9—良弁像

道鏡が内供奉となった時期は明らかでないが、先に見たように天平十九年（七四七）、良弁の使僧として「沙弥道鏡」の名が見え、当時は修行中の僧侶であったと考えられるので、それ以後であることは確かである。おそらくは師の良弁の推挙によるものと思われる。良弁は大仏開眼供養のあと東大寺の初代別当に任じられていたが、称徳の父聖武の看病禅師の一人として看病にあたり、「自ら心力を尽くして昼夜に労勤」（天平勝宝八歳五月二十四日条）したといい、その労に報いるために大僧都に任命されており、僧綱の重鎮であった。一介の沙弥にすぎない道鏡が内供奉になることが出来たのは、この良弁の推挙なしには考えられない。

ちなみに唐から帰国後内供奉となっていた玄昉は天平十七年（七四五）、筑紫観世音寺《かんぜおんじ》に左遷されているから、道鏡が内道場で玄昉と顔を合わせることはなかったはずである。

内道場については、のち、称徳天皇時代のことであるが、『経国集《けいこくしゅう》』に、内道場で修された虚空蔵《こくうぞう》菩薩会を観て詠んだ淡海三船《おうみのみふね》の詩が収められている。静かな、しかし華やかな雰囲気が漂う宮中で僧侶たちが鐘を鳴らし、誦経する様子を詠《よ》んだものであるが、凛とした静寂さは道鏡時代でも変わりはなかったろう。貴族たちが居並ぶなか、辺り一面に響きわたる荘重な僧侶たちの声は、人びとの心にひときわ深くしみ入ったに違いない。

女帝との出会い

内道場には看病禅師と呼ばれ、天皇などの治病に従事する僧が勤仕していた。先の玄昉は、知られるように出産以来鬱病に陥っていた聖武天皇の生母藤原宮子《みやこ》を「一看《いっかん》」し、三七年ぶりに宮子と聖武との母子対面を実現している（天平九年十二月二十七日条）。「一看」とはどういう治療なのか明らかでないが、一般的には呪術的な医療技術であったと考えられている。

当時僧侶の中には医術・呪術にたけた者も少なくなく、禅師と呼ばれた。学問よりも葛城山で身につけた呪験力を身上とする道鏡も、内道場に迎えられ、禅師となって医療看病にあたっていたのであろう。

看病禅師については、譲位後の聖武に一二六人が付けられたというが、なかでも禅師法栄は「立性清潔、持戒第一」でよく看病し、「太上天皇（聖武）、験《しるし》を得たまふこと多数にして、信重《しんちょう》人に過ぎ、他の医を用い」なかったという（天平勝宝《しょうほう》八歳五月二十三日条）。在位中の孝謙にもむろん看病禅師はいたであろうが、その中に道鏡が含まれていたかどうかはわからない。先の『七大寺年表』などによれば、孝謙は、道鏡が葛城山で苦修練行した様子を聞いて知っていたというから、保良宮で病気になった孝謙のもとに道鏡が呼ばれ、治療にあたることになったのも、まったくの偶然というわけではなさそうだ。

これは推測にすぎないが、その道鏡の学識と呪験力をつねづね孝謙に語り聞かせていたのが道鏡の師である良弁ではなかったかと、わたくしは考えている。前述したように、良弁は聖武天皇の看病禅師としての功から大僧都《だいそうず》に任じられている。孝謙は、そうした良弁から折あるごとに道鏡の禅行や呪力を聞かされていたに違いないと思う。

『宿曜占文抄』によれば、道鏡が孝謙太上天皇のもとに呼ばれたのは天平宝字六年（七六二）四月のことで、宿曜秘法によって孝謙の病気を治したという。宿曜とは一種の占星術で、苦行修練で体得した呪験力を宿曜の運行に働きかけて治病するという医療行為である。

道鏡は翌七年九月、孝謙の病気治癒の功により少僧都に任じられる。僧正・大僧都に次ぐ僧綱の重職であり、僧尼令の規定によれば、僧綱には徳行があって人びとの尊崇を受け、法務を統括出来る人物を任じるべきである、と記している。律師を経ないで任命されるという異例の抜擢であった。

こうして道鏡は、仏教界において諸事全般に携わる僧綱としてのスタートを切ったわけであるが、そのような地位と立場を得たことが、やがて政治に介入する端緒となったのかもしれない。しかも道鏡の場合、相手が女帝であったところに問題が生じる危うさがあったのである。

道鏡と慈訓

道鏡と孝謙女帝との関係について、『続日本紀』は次のように記している（宝亀三年四月六日条）。

（天平）宝字五年（孝謙が）保良に幸せしより、時《よりより》看病に侍して、稍《ようや》く寵幸せらる。廃帝（淳仁天皇）、常に以て言をなして、天皇（孝謙）と相中《あいあた》り得ず。


保良宮に御幸中の孝謙太上天皇の看病に侍して寵を受けるようになり、それを諫言した淳仁と仲たがいをするに至ったというのである。

淳仁は「常に以て言をなし」たというから、その諫言は一度や二度にとどまらなかったのであろう。これに対して孝謙は淳仁を責めつけ、礼儀正しく従うこともなく、「言ふまじき事をいひ、すまじきわざをしぬ」（言うべからざることを言い、なすまじき事もしてきた）と反発している（天平宝字六年六月三日条）。

淳仁の非難は道鏡との男女関係であった。男帝であれば見逃されたようなことが、女帝であるばかりに、しかも相手が宮中に出入りする僧侶であったことで、たちまちスキャンダルとなり貴族間に広まったのであろう。

実は、この件には火付け役がいたのである。道鏡の抜擢と引き換えに失脚させられた人物、少僧都慈訓《じくん》である。

慈訓は道鏡と同じ河内国出身で、聖武天皇の看病禅師として良弁らとともに力を発揮し、天平勝宝八歳（七五六）五月、少僧都に任じられている。時に六六歳、道鏡よりは一四、五歳年長であったろう。道鏡の先輩格であった。その上、藤原仲麻呂や光明子の信任を得て興福寺《こうふくじ》（山階寺《やましなでら》）別当となり、孝謙朝でも仲麻呂が推進する仏教政策の中心人物となっていた。

こうした慈訓にしてみれば、道鏡が孝謙と急速に近づき寵を受けるのを快く思えるはずがない。仲麻呂に目をかけられていた慈訓は、おそらく仲麻呂に報告したに違いない。それが淳仁を通しての諫言になったものと思われる。

天平宝字七年（七六三）九月四日、使者が興福寺に遣わされ、慈訓が「政《まつりごと》を行ふこと理《ことわり》に乖《そむ》き、綱《こう》たるに堪へず」（政治のやり方が理にそむき、僧綱たるに堪えない）との理由で、少僧都を解任されている。代わって、即日少僧都に任命されたのが道鏡であった。

慈訓が「理に乖」いたということについて、具体的に述べられていないが、道鏡が慈訓のポストに就任していること、のち道鏡が失脚するとただちに慈訓が少僧都に還任されていることから判断して、孝謙とのスキャンダルをさすものと考えてよいであろう。おそらく、火だねをまき散らしたのが慈訓であることを知った孝謙が、慈訓を罷免し、道鏡を少僧都に就任させたというのが交代劇の真相ではなかろうか。

春秋の筆法をもってすれば、孝謙が病気に陥らなければ、道鏡が孝謙に出会うことはなかったはずである。そして、その出会いが二人の運命を狂わせただけでなく、その後の宮廷社会を紛糾させる導火線になるとは、誰も予想すらしなかったであろう。

孝謙は淳仁とこうして決裂し、ともに保良宮を引き上げる。淳仁は平城宮の中宮院に戻ったが、孝謙は戻らなかった。そのまま出家し、法基尼と号して平城宮の東、法華寺《ほっけじ》に入っている。時に孝謙は四五歳、道鏡が孝謙と保良宮で出会ってから、わずか一ヵ月後のことである。

3　孝謙と淳仁

孝謙の出家

保良宮を引き上げた孝謙が、宮外の在所として法華寺を選んだのは、むろん孝謙の母光明子ゆかりの場所だったからである。

法華寺は、もともと孝謙の祖父である藤原不比等の旧宅があった所で、光明子は立后後ここに皇后宮を置き、のち宮寺に改められた（天平十七年五月）のが法華寺の始まりとされる。その西南隅にあったとされる阿弥陀浄土院は、光明子の発願になるが、光明子は完成を見ることなく没し（光明子の没後に造営が始められたとの意見もある)、天平宝字五年(七六一)六月、その一周忌の法要がここで盛大に行われている。孝謙が法華寺に入ったのは法要を終えた翌年五月のことである。

ちなみに法華寺の東北隅にあったとされる隅院(隅寺とも。現海竜王寺)が内道場であったとの理解もある。僧侶たちが毎日礼拝修行を行っていた所である。そうだとすれば、保良宮を引きあげて以来、孝謙の信頼する道鏡がずっとそば近くいたことになろう。法華寺は孝謙が得た、何にもまさる安らぎの場所であったに違いない。

孝謙は法華寺に入って一〇日後、天平宝字六年(七六二)六月三日、詔を下し、激しい口調で淳仁を非難している(適宜言葉を補って意訳する)。

　私は女の身であるが、草壁皇子の皇統を断絶させないようにという母の勧めによって即位し、政治を行ってきた。しかし淳仁は私に恭順することなく暴言をはき、無礼を働いてきた。私にはそんなことを言われる覚えはない。同じ宮に住んでいるからこそ聞かねばならないのであって、こうして別の宮(法華寺)に住めば言われるわけもない。それはひとえに私が不徳であるからなのだが、何と恥ずかしいことか。平城宮ではなく別宮(別の宮)に住んだもう一つの理由は、いまこそ菩提心をおこすべき時期と考え、出家したからである。

といい、次のように述べている。

但し政事《まつりごと》は、常の祀り小《いささ》けき事は、今の帝(淳仁)行ひ給へ。国家の大事、賞罰二つの柄《もと》は朕《われ》

（孝謙）行はむ。

宮外（法華寺）を在所に定めた理由について、出家の身となれば俗人の天皇と別宮に住むのは当然であると述べて、別居に踏み切った自らの行動の正統性を主張し、その上で「国家の大事と賞罰」すなわち国政権の掌握を宣言したものである。

当時は、太上天皇（上皇）となっても天皇と同じ宮内に住むのが慣例であった。それを聖武は譲位後、出家（聖武の出家の時期は明確でない）を機に宮外の寺院、すなわち薬師寺宮に入っている（天平勝宝元年閏五月）。孝謙が法華寺に入ったのは、この父聖武にならうものであるが、孝謙の場合は、上皇に別宮のないことがトラブルの原因であるとして、天皇淳仁との別居の必要性を説き、出家を別居の手段に用いているのが聖武と異なるところである。

ただし出家についていえば、孝謙はこれ以前、大仏開眼供養の二年後、天平勝宝六年（七五四）四月五日、東大寺大仏殿前に築かれた戒壇で聖武・光明子とともに鑑真《がんじん》から戒を受けている。鑑真ら一行はこの年正月、遣唐副使大伴古麻呂《おおとものこまろ》にともなわれ、平城京に入ったばかりであった。

「受戒」と「出家」との関係について、これを同義とするのが一般的な理解といってよいが、受戒は在俗者でもなされるものであり、孝謙の場合、受戒＝出家とみなすのは正しい認識とはいえない。なぜなら、右の理解に従えば孝謙は二度目の出家をしたことになってしまう。鑑真による受戒はあくまでも在俗者として授けられたものであり、孝謙は法華寺に入る手段としてこの時正式に出家したというものであろう。

それはさて、当初、孝謙が淳仁と保良宮に移幸した時、その時点では、淳仁との別居も自身の出家も、考えていたとは思えない。出家に踏み切った背後に道鏡の存在を嗅ぎ取ることは容易であろう。そして大事なのは、孝謙の本意がそれにとどまるものではなく、出家＝別居を機に政治上のリーダーシップを握ることにあったと考える。

大権の掌握

孝謙が淳仁に対してここまで強硬な態度をとったのには、理由があった。淳仁に対して、譲位以来抱き続けてきた〝こだわり〟を、なお拭い去れずにいたからである。

これ以前、天平宝字二年（七五八）八月一日、孝謙は大炊王こと淳仁天皇に譲位し、太上天皇となった。主たる理由は重態に陥った母光明子に、最後の孝養を尽くしたいという気持ちからであった。しかし、淳仁に対して天皇即位の表徴である代始め改元を認めていないことからうかがえるように、孝謙は淳仁の即位を完全に了解したものではなかったようである。

わが国では中国と同様、即位と改元は不可分のものであり、ことに譲位による禅譲の場合、即位と同日に改元されるのが通例であった。元正《げんしょう》天皇から譲位された聖武は即日「神亀」と改元し、孝謙の場合も「天平勝宝」と改めている。ところが淳仁だけは例外で、即位後も孝謙時代の「天平宝字」をそのまま継承している。しかも淳仁は六年の在位中、一度として改元の動きがなかった。淳仁は日本史上、独自の年号をもたない希有な天皇であるが、理由は、孝謙が意図的に改元を拒んだからである。

聖武の譲位後、皇太后光明子の紫微中台《しびちゅうだい》を権勢の拠り所としてきた仲麻呂は、淳仁の即位によって、紫微中台にかわる新たな基盤を得たことになる。しかも淳仁は擬制的にせよ仲麻呂の養子となっていたから、光明子（仲麻呂の叔母）や孝謙（仲麻呂の従姉妹）よりも身近な関係であった。そんなことから考えると、孝謙の譲位は、光明子の病気に乗じて仲麻呂が強引に推し進めたものではなかろうか。

孝謙も、そうした仲麻呂の下心を見抜けなかったとは思えないが、この時期、光明子の容体が悪化しており、母光明子に最後の孝養を尽くしたいという気持ちが強く働いたため、不信感を抱きながらも仲麻呂の勧める淳仁の即位を認めたように思われる。

天皇即位の表徴である代始め改元を認めなかったのは、専権化を強める仲麻呂に対して孝謙が抱いた不安感、警戒心の表れであったといってよい。孝謙は改元拒否という伝家の宝刀を抜いて仲麻呂を牽制し、太上天皇としての立場と権限を誇示したのである。

以来、孝謙の心中には淳仁・仲麻呂に対する不信感、不快感がわだかまることになる。

こうした孝謙と淳仁・仲麻呂との関係は、光明子の死によって急速に悪化する。その点で、光明子の存在が大きかったことを改めて知らされる。しかし、孝謙には頼るべき人物はいなかった。父聖武についで最愛の母を失い、ひとりぼっちになった孝謙に、為す術はなかった。そんな孝謙が道鏡と出会い、それまで抱き続けてきた不満が淳仁・仲麻呂批判となって噴出し、兼ねてからの考えを一挙に実現したのが、孝謙による大権の掌握であった。孝謙にとって道鏡の存在がいかに重いものであったかがうかがえる。

手本は聖武天皇

孝謙がつねに指針としたのは父聖武の言葉であり、その行動であった。聖武は孝謙に譲位後も上皇権を保持し、その存在の重みを示している。

天平宝字元年（七五七）六月、左大臣橘諸兄《たちばなのもろえ》に謀反の心ありとの密告があった時、聖武は優容して咎めなかったというが、密告が天皇孝謙をさしおいて太上天皇（上皇）の聖武に対してなされている。しかも聖武はすでに出家の身であったから、二重の意味で聖武の政治的立場の重要性を物語っている。これは決して不自然ではない。奈良時代の上皇は大権を有し、天皇を超える存在と認識されていた。いわば院政である。しかも聖武の場合、その上皇権は出家してからも変わることなく保持されていた。聖武をつねに手本としてきた孝謙は、上皇になって、自らの立場を聖武のそれに重ねようとしたのはごく自然のことであった。

こうして孝謙は〝聖武〟の立場に立った。かつて聖武がそうであったように、上皇として政治上のリーダーシップを握ることを宣言したのである。

ただし大事なのは、それが淳仁天皇の存在を否定するものではなかったということである。先の詔の中で「常の祀り小けき事は、今の帝行ひ給へ。国家の大事、賞罰の二つの柄は朕行はむ」と述べたことの意味である。

孝謙の立場が異例なものでなかった以上、淳仁はもとより、仲麻呂としても口を挟む余地はなかったろう。それは貴族たちも同様であったはずである。

従来、孝謙による大権と小権の分離をもって皇権の分裂とみなし、いわば二所朝廷という異常事態が現出したと理解してきたが、それは正しい認識ではない。当時の在り方からいえばむしろ常態に戻ったのであり、事実、政治的にはそれで安定している。保良宮から戻って一〇日後の出来事である。そして事が起こらなければ、このまま歴史は推移したに違いない。しかし、事は起こった。

謀反の密告

発端は密告であった。

これより九日前（天平宝字八年九月二日）、仲麻呂は都督《ととく》四畿内三関近江丹波播磨等国兵事使という特別官を新たに設け、孝謙の許可を得て自らが就任している。いわば畿内近国の軍事総監である。

新羅の征討計画は前年来縮小されつつあった。決行直前まで準備が進められながら、計画を縮小せざるを得なかったのは、孝謙と淳仁との仲たがいによって、仲麻呂の権勢が揺らぎはじめていたからである。新羅征討どころではなくなっていたのである。

その間、新羅からも日本側の意向を打診する書簡や、和平工作と思われる使者が博多津に来着している（天平宝字八年七月）。そういう状況を承知の上で、仲麻呂は新羅への対応策と称して都督使を設置したのであるが、その実、自己の軍事体制を固めようとしていたことは見え透いている。孝謙（側）がそれを見抜けなかったはずはない。しかし事が対外関係である以上、あえて反対する理由が見出せなかったのであろう。

果せるかな、仲麻呂は都督使に就任するや、ただちに文書を改竄《かいざん》して兵士の動員数を増加し、諸国に公布した。これを決起のための兵力増強と見抜いた高丘比良麻呂《たかおかのひらまろ》は、すぐさま孝謙に密告している。比良麻呂は紫微中台の創設と同時に紫微小疏《しょうしょ》に任じられ、仲麻呂の信頼を得ている。時に大外記《だいげき》（外記は詔書の検討や奏文の作成にあたる）を兼ねていた比良麻呂は立場上、仲麻呂の文書偽造を容易に見破ることが出来たのであろう。『続日本紀』には、「禍《わざわい》の己《おのれ》に及ばむことを懼《おそ》れ」ての密告であったと記している（天平宝字八年九月十八日条）。

この時仲麻呂は、たしかに淳仁天皇の兄たちと謀反の準備を進めていた。『続日本紀』によれば、淳仁の兄池田親王は夏頃から兵馬を集めていたといい、船親王も仲麻呂と共謀して、朝廷の咎《とが》を数えあげて訴え出るべく用意をしていたという（天平宝字八年十月九日条）。のちに行われた田村第（仲麻呂邸）の家宅捜査で、そのことを裏付ける文書が発見され、動かぬ証拠とされた。

相前後して陰陽師大津大浦《おおつのおおうら》からも孝謙のもとに密奏が届けられた。大浦は仲麻呂の求めで決起の吉凶を占ったというから、計画も最終段階に入っていたのであろう。仲麻呂の陰陽好みは知られるところで、先述した小治田宮への移御について大史局（陰陽寮）から奏上させたように、大事な局面でその判断を求めている。なかでも大浦にはよほどの信頼を寄せていたとみられるが、事もあろうに、その大浦に裏切られたわけで、この時点ですでに勝敗は決したも同然であった。

密告をうけた孝謙（側）は九月十一日、ただちに淳仁の御在所中宮院にあった鈴印を押収した。鈴印は皇権のシンボルであり、それは淳仁＝仲麻呂からの皇権剝奪を意味した。これを知って仲麻呂はすぐさま息子の訓儒麻呂《くずまろ》に、奪われた鈴印を奪回させている。しかし孝謙（側）の行動も迅速峻烈で、ただちに訓儒麻呂を射殺させ、再び鈴印を奪い返している。鈴印を手にした孝謙は、この日仲麻呂と一族の官職を剝奪し、藤原姓を除く処置をとった。藤原氏から仲麻呂一族を除名したのである。また職分《しきぶん》・功封《こうふう》なども没収している。

以上が、仲麻呂が叛旗を翻した九月十一日の出来事である。

哀れ仲麻呂

仲麻呂の末期は早かった。その日、十一日の夜、一族とともに体制を立て直すべく近江（国庁）に向かったが、ここでも孝謙方に先手を打たれて瀬田橋を渡れず、やむなく湖西の高島郡を北上して息子の国守辛加知《からかち》のいる越前に入ろうとしたところ、これも愛発関《あらちのせき》（近江と越前との国境付近にあった）で遮断されてしまう。仲麻呂の行動はすべて後手に回り、追討軍を指揮した吉備真備《きびのまきび》に先手を取られている。

この時真備は七〇歳であった。真備は孝謙の皇太子時代、東宮学士として教育に当たったが、仲麻呂に疎まれて不遇の生活を強いられていた。乱が起こるや、在唐中に得た軍学の知識が買われて軍務の参画を要請されたという。仲麻呂の行動はすべてが後手に回り、終息は早かったが、これも真備の軍略によるとみられる。

進退に窮した仲麻呂は船で湖北の浅井郡塩津に向かったが、不運にも逆風で漂没しそうになったため、仕方なく上陸し、今度は山道から愛発関の突破を試みたがこれも失敗、追い詰められた仲麻呂は、再び引き返して高島郡三尾埼《みおざき》に向かい、勝野《かちの》の鬼江《おにえ》から乗船して琵琶湖上に逃れたが、たちまちにして捕らえられ、首を刎ねられた。一族・与党の大半は戦死し、仲麻呂と一緒に最後の船に乗ったのは、わずかに三、四人の妻子だけであったという。事件発覚から一〇日足らずでの敗死である。時に仲麻呂は五九歳、はかない最期であった。

仲麻呂の首は十八日、平城宮にもたらされている。

淡路廃帝

仲麻呂が敗死して一ヵ月後の十月九日、孝謙は淳仁を廃位して淡路へ流した。仲麻呂は、淳仁に近侍していたわが子訓儒麻呂が射殺されたために淳仁を連れ出すことができず、淳仁は平城宮に取り残されていた。

『続日本紀』によれば、「仲麻呂と心を同じくして窃《ひそ》かに朕（孝謙）を掃はむと謀りけり。また窃かに六千の兵を発しととのひ、また七人のみして関に入れむとも謀りけり」（仲麻呂と組んで密かに朕を倒そうと企て、また六千の兵を徴発し、あるいは精兵七人を先発させて関に突入しようとしたのである）との罪状が読み上げられたが、あまりの急に、淳仁は身支度もととのわないまま、母当麻山背《たいまのやましろ》とともに配所へ護送されたという。仲麻呂の敗死から一ヵ月を経過していることから判断すると、孝謙側に多少の躊躇があったとも考えられるが、事後処理に必要な時間のうちであろう。廃帝・配流は当初から

10―淳仁天皇陵

の方針であったと思う。

配所での淳仁は幽憤にたえられずに、再三脱出を企てたがそのつど国司に捕らえられたといい、『続日本紀』（天平神護《じんご》元年十月二十二日条）には、垣根を乗りこえて逃亡しようとした淳仁を、「（淡路）守佐伯宿禰助《かみさえきのすくねたすく》、掾高屋連並木《じょうたかやのむらじなみき》ら兵を率ゐてこれを邀《さきき》る。公（淳仁）還りて明くる日に院中に薨ず」（淡路守佐伯助らが兵を率いて逃亡を阻止した。連れ戻された淳仁は、その翌日、幽閉所の一郭で亡くなった）と記す。淳仁復位の動きは早くからあったが、この奇怪な死は、強引に死に至らしめた可能性が強い。仲麻呂の敗死からわずか一年後のこと、仲麻呂の政治勢力に利用されただけの生涯であった。

淡路島の最南端に位置する南淡町に立派な淳仁天皇陵があり、近くには母当麻山背の墓もある。ただし島内には天皇の野辺送りをしたという野辺の宮をはじめ、天皇塚（大炊神社）など淳仁が埋葬されたと伝える地がいくつか存在する。これも、淳仁の死が尋常でなかったことを思わせよう。

なお琵琶湖の北、菅浦（西浅井郡）の須賀神社には淳仁天皇が合祀され、また集落の中、淳仁の菩提寺と伝える長福寺跡にも天皇の墓と称する五輪塔が建っている。淳仁は仲麻呂と行動を共にしたわけではないが、後世、その数奇な運命に心を寄せる人によって建立されたものであろう。

4　草壁「皇統」と奈良朝の政変

道鏡と孝謙の出会いは二人の生涯を変えただけでなく、歴史を大きく展開させることになる。孝謙が皇位に返り咲くことを、いったい誰が予想したであろうか。

孝謙のプライド

天平宝字八年（七六四）十月、孝謙はふたたび即位した。称徳女帝である。大化改新後に重祚《ちょうそ》した皇極《こうぎょく》（斉明）女帝以来一〇九年ぶりのことである。

もっとも、『続日本紀』には、称徳が正式に即位したことを記す記載はない。しかし詔の中で、「この天つ日嗣の位を朕が一人むさぼり云々」（天平宝字八年十月十四日条）と述べていることや、「還りてまた天下を治めたまふ」（天平神護元年十一月二十三日条）といった記述から判断しても、孝謙の重祚は当然の事実として受けとめられていたことを知る。

ただし称徳は、重祚はしたが即位式を行った形跡はない。即位式をしたくても、実は出来なかった。当時、践祚（天皇の位を受け継ぐこと）と即位（天皇の位につくこと）との儀礼上の区別はまだなく、践祚（即位）は先帝の崩御もしくは受禅によった。淳仁に代始め改元を認めなかったとはいえ、正式に譲位したことが事実である以上、称徳が重祚するには形式上、受禅践祚すなわち淳仁から皇位を禅譲されて即位するという手続きが必要であった。しかし廃位させ、配所に身を置く淳仁からの禅譲・即位は有り得ない。その意味で、後述するように称徳にとっては大嘗祭《だいじょうさい》が改めて即位を表明する重大な儀式となっている。

そもそも孝謙が国政権の掌握に固執し、重祚にまで踏み切ったのには、理由があった。孝謙は、唯一立太子の手続きを経て即位した女帝である。初の女性皇太子であり、まったく異例のことであった。

わが国では、女帝は立太子することなく即位するのが慣習となっている。初代の女帝推古以来、皇極・持統はもとより、皇后になっていない元明《げんめい》や未婚の元正にしても、立太子することなく即位している。したがって孝謙も立太子なしで即位できたはずである。にもかかわらず立太子↓即位という前例のない手続きをとらせたのは、孝謙を男帝と同質の、正統な皇統（草壁皇統）の継承者に位置づけるためであった。

けだし推古以来、女帝に立てられたのは亡くなった天皇の前（あるいは元）皇后であった。したがって即位以前、天皇に従って国事儀礼などに関わった経験をもっており、あえて皇太子にすることなど無用であった。しかしこの慣習が、持統よりのち、皇后でなかった元明（もと皇太子妃）を含めて、未婚の皇女が前帝の譲位によって即位するようになって以後も踏襲されているのは、結局のところ、女帝のもつ立場の弱さが、即位前における立太子の手続きを無用のものにしたとしか言いようがない。

それは、女帝が「皇位」の継承者であっても「皇統」の継承者ではなかった証拠である（瀧浪『女性天皇』）。

そうした女帝の立場の弱さを誰よりも承知していた父の聖武は、ことあるごとに臣下に対して、「朕に子供は二人とはいない。ただこの阿倍内親王（孝謙天皇）だけが朕の子であるから、二心なく仕えよ」（神護《じんご》景雲《けいうん》三年十月一日）と語り、孝謙の正統性を訴えている。孝謙にも繰り返し、「天下は汝に授ける。したがって汝の意思ひとつで、いったん立てた王（天皇）を廃して奴にしてもよいし、奴を天皇にしてもよい」（天平宝字八年十月九日）とまで述べている。王でも奴でもというのは、むろん言葉のアヤで、要は皇権の生殺与奪権を与えたものである。すべては孝謙に〝男帝〟と同じ正統天皇の地位・立場にあることを認識させるためであった。また母の光明子も孝謙に向かって、「あなたは女子ではあるが、草壁皇子の皇統を絶やさないために即位させるのです」（天平宝字六年六月三日）と言い聞かせ、孝謙の正統性とその立場を諭している。

両親から繰り返し教えられた孝謙は、皇統に対して異常なまでに強い自覚とプライドをもったのは当然である。しかし仲麻呂をはじめ貴族たちの間には、女帝（孝謙）を正統な皇位継承者と認めないという認識が根強く存在していた。そして、それが貴族社会の通念となっていたことを孝謙はイヤというほど承知していた。重祚は、道鏡という後見者を得た孝謙が、自らの正統性を天下に改めて表明したものであり、貴族たちへの挑戦だったといってよいかも知れない。

それにしても孝謙の悲劇は、自分こそが草壁皇子の正統な継承者である、草壁の嫡系であるという意識（草壁「皇統」）を捨てきれなかったところに、最大の原因があった。

草壁「皇統」の創出

しかし草壁「皇統」の意識というのは、考えてみれば奇異である。草壁皇子は天武と持統の嫡子として立太子したものの（六八一年）、皇太子のまま没しており（六八九年）、即位はしていない。皇統をいうのであれば、その父であり、壬申の乱に勝利して古代国家づくりに大きな足跡を残した天武をこそ持ち出すべきではないか。それがなぜ草壁といわれ、天武ではないのか。このことは道鏡との関係をはじめ奈良朝の政変とも深く関わることなので、ここでその問題について述べておきたい。

話は道鏡・孝謙から遡ること六〇〜七〇年、持統女帝の時代になる。持統は孝謙の高祖母（祖父の祖母）にあたる。

鸕野讃良《うののさらら》こと、のちの持統女帝が正式に即位したのは持統三年（六八九）正月のことである。三年前、夫の天武天皇が亡くなったあと、鸕野はわが子草壁皇子（時に二五歳。五年前に立太子）を皇太子に据え置き、自らが即位をせずに称制《しょうせい》（政務をとること）している。当時の慣習で、天皇となるためには少なくとも三〇歳以上というのが不文律となっていたからである。その点で、二五歳の草壁は若すぎた。草壁を即位させるには、少なくともあと五年の歳月が必要だった。

しかし、それが待てないからといって鸕野が即位することも出来なかった。この時点では生前の皇位継承、すなわち「譲位」のしきたりがなかったからである。いったん即位したら鸕野が亡くならない限り、草壁の即位は有り得ない。草壁の即位は鸕野の死と引き替えに実現するものだった。

鸕野が即位することも、また草壁を即位させることも出来ないとなれば、草壁が三〇歳になるまで、なんとか時間を稼ぐ以外にはなかった。そのために採られたのが鸕野の称制という手段であった。それは、草壁の即位を実現するための唯一の選択肢であった。

ところが称制から三年後、事も有ろうに、その草壁が急逝する。草壁はまだ二八歳であった。最愛の息子草壁を失った悲しみは、想像に余りある。しかし鸕野には一縷の望みが残されていた。草壁の遺児、鸕野にとっては孫、軽《かる》皇子の即位を実現させることであった。そこで鸕野は、年が改まるのを待って正式に即位したのである。持統女帝の誕生である。

とはいえ軽の擁立には、草壁以上の困難が横たわっており、持統にとってその道のりは容易なものではなかった。時に軽は七歳、先述したように、当時の慣例からすれば、軽が即位条件を満たすまでには、まだ二〇数年という年数が必要であったし、譲位の制度もなかった。だいいち、軽の父草壁は皇太子にはなったが、即位したわけではない。しかも天武の諸皇子たちは多数が健在であり、皇位継承の上での軽（天武の孫）の立場は不利でさえあった。即位実現の可能性はほとんど無かったといってよい。

そこで先例を打破するための拠り所として持ち出されたのが、天智天皇が定めたという「天地と共

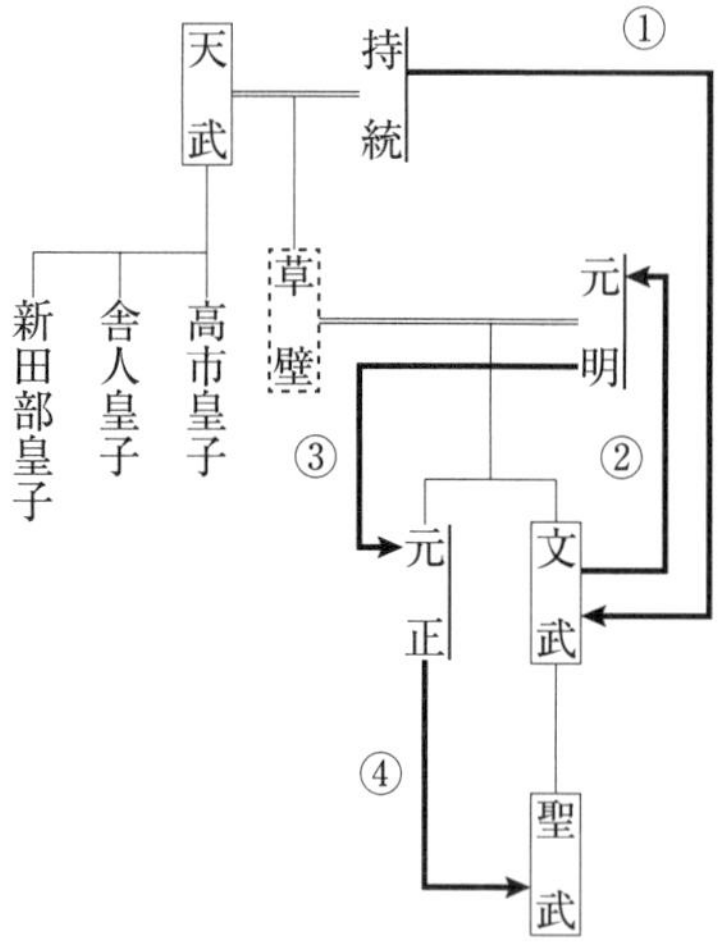

11――皇位継承と不改常典　傍線は女帝

に長く日月と共に遠く改《あらた》むまじき常の典《のり》」である。これを略して通常「不改常典《ふかいじょうてん》」と称している（言葉として初めて出てくるのはのち、慶雲《けいうん》四年元明即位の詔のなかである）。

「不改常典」の内容について、その要点だけをいえば、皇位継承法（ただし成文化されていない口勅《こうちょく》の類）であるが、直接は天智の子、大友皇子の即位実現のための方便で、皇位の父子継承（直系継承）を強調したものとみられる。持統はそれを持ち出すことで慣例となっていた皇位の兄弟相承を退け、直（嫡）系相承という新たなルールを持ち込んで、草壁の子、軽（のちの文武天皇）を即位させるための拠り所としたのである。それは年少天皇（軽が即位したのは一五歳）が出現するきっかけともなっている。

そして大事なのは、そこで始祖として強調されたのが天武天皇ではなく、草壁皇子だったことである。草壁が皇統の原点とされ、軽はその草壁の嫡子であることが正統性の論理とされたのである。草壁皇子が始祖とされたのは不思議なように思われるが、前述したように当時、皇位継承資格を持つ天武の諸皇子（草壁の兄弟）たちがなお数多く存在していた。軽よりも天武に近い世代である。そのために下手に天武天皇を強調すれば、逆効果となり、軽の立場を弱体化しかねなかったからである。

天武（の名）は持統によって、意図的に避けられたものとわたくしは思う。

それに、天武には〝汚名〟が付きまとっていた。天武は兄の天智天皇に疎まれ、かつて出家し吉野に隠棲している。俗世間を離れ、いったんは皇位継承者の資格を捨てた身であるにもかかわらず、天智の子の大友皇子を倒して即位した（壬申の乱）。天武は、端的にいって皇位の簒奪者であった。そのことを持統は誰よりも強く自覚していたのである。天武が避けられた理由である。

こうして軽皇子の即位を実現するために、草壁皇子を皇統の原点とする、いわゆる草壁「皇統」の意識が持統によって意図的に生み出された。そして持統が皇位継承に持ち込んだ草壁「皇統」の観念は、文武→元明・元正母娘→聖武と世代を重ねて強調される中で、宮廷社会に定着していったのである。光明子が孝謙に語った草壁「皇統」を継がせるというのは、そのことであった。

「神」になった天武天皇

草壁「皇統」の観念は持統によって創出されたものであるが、「皇統」意識における持統女帝の思い入れは尋常ではない。このことついて、もう少し述べておきたい。

持統はわが国最古の歌集である『万葉集』（巻一の原形）の編纂を発意したことでも知られるが、その真意は、この草壁「皇統」の正統性を歌によって訴え、後世に伝えようとするところにあった。そのことをうかがわせるのが『万葉集』（巻二）に収める「草壁挽歌《ばんか》」（草壁皇子の殯宮《ひんきゅう》挽歌）である。持統の命を受けた柿本人麻呂《かきのもとのひとまろ》が作ったといわれる、殯宮（本葬までの間、遺体を安置しておく仮の建物）

儀礼の誄《しのびごと》である。

本書では詳しく述べないが（瀧浪「女帝と『万葉集』―草壁「皇統」の創出―」『史窓』六八）、この「草壁挽歌」には、草壁の死をテーマに二六首（他に或本一首）もの歌が詠《よ》まれている。天智挽歌が九首、天武挽歌が四首であるのに比しても圧倒的な数であり、他に例をみない大歌群を構成している。なかでも注目したいのが人麻呂の長歌（一六七）で、前半と後半とで詠まれている主人公が異なるという特異な構成になっている。煩を厭わずに原文を掲げてみる。

日並皇子尊《ひなみしのみこのみこと》の殯宮の時に、柿本朝臣人麻呂が作る歌一首并せて短歌

天地《あめつち》の　初めの時　久かたの　天河原《あまのかわら》に　八百萬《やおよろず》　千萬《ちよろず》神の　神集ひ　集ひ座《いま》して　神分り　分りし時に　天照らす　日女《ひるめ》の尊《みこと》　天をば　知ろしめすと　葦原の　瑞穂の国を　天地の　寄り合ひの極み　知らしめす　神の命《みこと》と　天雲の　八重掻き別けて　神下り　座せまつりし　高照らす　日の皇子《みこ》は　飛鳥の　清《きよみ》の宮に　神ながら　太敷《ふとし》きまして　天皇の　敷きます国と　天の原石門《いわと》を開き　神上り　上り座しぬ

（天と地とが初めて開けた時のこと、天の河原にたくさんの神々がお集まりになって、それぞれ領分をお分けになった時に、天照らす日女の神は天上を治められることになり、いっぽう葦原の瑞穂の国を天と地の寄り合う果てまでもお治めになる貴い神として、幾重にも重なる天雲をかき別けて、神々がお下しになられた日の神の御子わが天武天皇は、明日香の清御原の宮に神のままにご統治になり、そして、こ

の国は代々の天皇が治められるべき国であるとして、天の原の岩戸を開いて神のままに天上に上ってしまわれた。）

我が王　皇子の命の　天の下　知らしめしせば　春花の　貴からむと　望月の　満しけむと　天の下　四方の人の　大船の　思ひ憑みて　天つ水　仰ぎて待つに　いかさまに　思ほしめせか　由縁もなき　真弓の岡に　宮柱　太敷き座し御殿を　高知りまして　朝ごとに　御言問はさぬ　日月の　数多くなりぬる　そこ故に　皇子の宮人　行方知らずも

（われらが大君日並皇子の尊が天下をお治めになったなら、春の花のようにめでたいことであろう、満月のように欠けることがないであろうと、天下の人々みんなが大船に乗ったように心安らかに思い、天の恵みの雨を仰いで待つように待ち望んでいたのに、何と思し召されてか、ゆかりもない真弓の岡に宮柱を太く立てられ、御殿を高く営まれて、朝のお言葉もおかけになることがない、そんな月日が積もり積もってしまったので、それがために皇子の宮人たちはただただ途方に暮れている。）

（訳は『新潮日本古典集成』による）

前半は天地開闢から歌い起こし、すなわち神々の相談によって天照大神が天上を、「日の御子《みこ》」天武が地上（日本国）を統治することになる。そこで天武は神の子として地上に下され、飛鳥浄御原に宮殿を営んだが、この地上は代々の天皇が治めるべき国だとして、天武は天上に帰ってしまったという内容である。

これに対して後半は、（天武が天界に帰ってしまったので）もし草壁皇子が天下を治めていれば、立派な世の中になったであろうに、即位せずに亡くなってしまったので、宮人たちは途方にくれている、と草壁への愛惜の情を歌いあげている。

続いて人麻呂の反歌二首を治めるが、ここでは省略する。

奇異なのは、草壁の挽歌でありながら、前半の主人公はどこまでも天武天皇であり、後半ではじめて草壁への愛惜が述べられていることである。しかも前半では、わが国の創始を天孫ニニギノミコトとする『古事記』『日本書紀』などの伝承、いわゆる記紀神話が導入され、そのニニギノミコトと天武とがオーバーラップされているのが注目されよう。

草壁の死を悼む歌に、なぜ記紀神話が取り込まれたのか、誰しも疑問に思うところであるが、それこそが天武や草壁に対する持統の期待を歌いあげた言霊だったのである。

持統が期待したその一つが、天武は「日の御子（日の神の子孫）」、すなわち「神」であり、地上（日本国）はその天武によって創始されたという、天武を現人神《あらひとがみ》とする天武信仰を確立すること、二つが、したがってわが国の皇統譜（皇室の系譜）は天武の子草壁皇子から始まるという、天皇家の始祖を明確にすること、である。

むろんこれは、持統の意を汲んだ柿本人麻呂によって生み出された思想で、天武の徳や天武に対する畏敬の念を表現することによって、天武の子である草壁（皇統）の正統性を表明したものに他ならない。その意味では、天武を現人神として崇敬する、いわゆる天皇の神格化は、『万葉集』において始めて見られたものであり、持統＝人麻呂によって形成された観念といってもよいであろう。しかしそれは、右の挽歌に見られたように、草壁を始祖とする草壁「皇統」を創出しようとする持統によって、意図的に作り出されたものであったことを見逃してはいけない。

女帝と政争

話を奈良時代に戻そう。

奈良朝に引き起こされる血みどろの争いは、実は、その多くがこの草壁「皇統」をめぐっての対立であったといってよい。

草壁皇子の嫡子のみを正統な皇位継承者とする嫡系継承（＝不改常典）の論理は、それにより皇統を限定し、皇位継承の筋道を明確にする上では有効であった。しかしこの限定は、逆に有資格者を欠いた時、かえって異常な混乱を招くという落とし穴があった。後述するように、孝謙と淳仁との対立がその最たるものであるが、留意されるのはそれが持ち出されるたびに、男子嫡系相承の論理が強調され、皇統から女帝を排除する結果を生み出したことである。

すなわち持統が期待した文武は在位一〇年、慶雲四年（七〇七）六月に亡くなってしまう。残されたのは藤原宮子との間に生まれた、一粒だねの首皇子《おびと》であった。しかし、首の皇位継承には文武以上の困難な条件が重なっており、即位出来るという保証はほとんどなかった。

首は天武の曾孫であるだけでなく、当時、わずか七歳、立太子するにも即位するにも幼すぎた。その首が皇位継承者として優位に立てるとすれば、ただひとつ、「草壁の嫡子である文武の嫡子」という点だけである。そこで再び男子嫡系継承をうたう「不改常典」が持ち出され、文武の母元明とその娘元正の二女帝が、首が成長して即位するまでの中継ぎとして即位する〈図11〈五〇頁〉参照〉。その結果、女帝の立場と役割は、もっぱら草壁嫡系男子の即位実現に限定されてしまう。

事実、元明女帝は首皇子への皇位継承を実現することがみずからの責務であるといい、元正に譲位する時にも、必ず皇位を首に伝えるようにと強く命じている〈養老《ようろう》八年二月四日条〉。二人の母娘は、首皇子すなわち草壁「皇統」の正系へ皇位を伝える「中継ぎ」のためだけに即位した女帝であったといってよい。

もっとも、元明の即位に問題がなかったわけではない。母〈元明〉が息子〈文武〉から禅譲を承けて即位するというのは、前例がない。しかも草壁の妃でしかなかった元明は、それまでの女帝〈推古にしても持統にしても、いずれも即位前は皇后であった〉に比して、政治的立場が弱かった。そこでとられた措置が、即位せずに没した夫の草壁を国忌《こっき》〈薨日を国家の忌日として追善供養を行う〉に入れ、事実上天皇とみなすことであった。それによって元明自身も「皇后」に準じる立場にたって即位しているる。女帝になるための条件作りであり、その点、元明の即位は決して先例を無視して強行されたものではなかったのである。

元明女帝の即位には、ひとつ間違えば内紛にまで発展しかねない要素が十分にあった。女帝には、たえず不安定さがつきまとっていたことを示している。事件が起こらなかったのは、女帝の伝統と先例にならい、着実な手続きを取りつつ実現されたからである。

しかし、元正の場合、そうはいかなかった。元明が没して四〇日後、養老六年（七二二）正月、事件が起こっている。

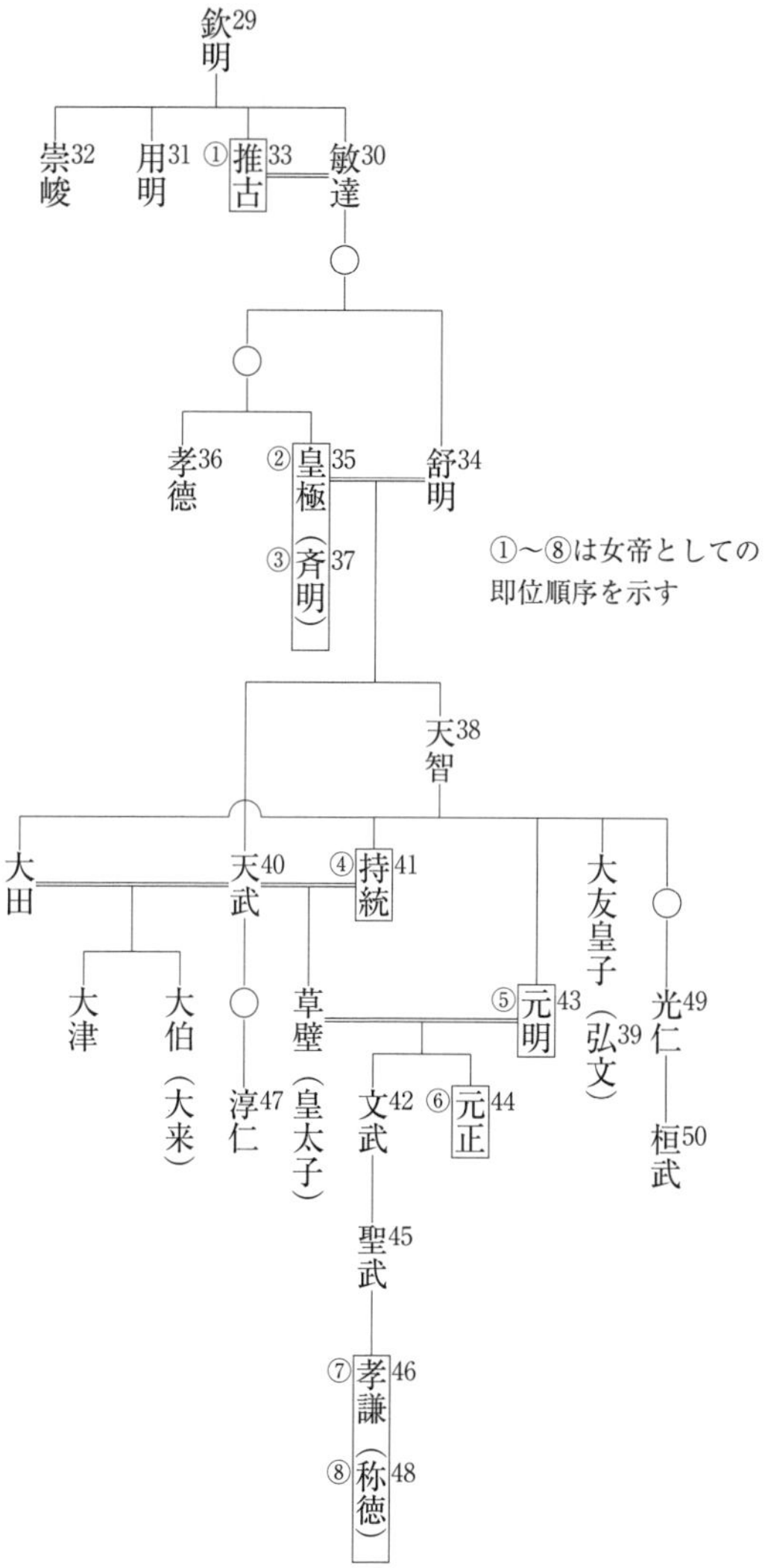

12―女帝系図

正四位上多治比《たじひ》真人《のまひと》三宅麻呂《みやけまろ》が何者（具体的には不明）かを謀反の疑いありと誣告《ぶこく》（事実を偽って告訴すること）し、また穂積老《ほずみのおゆ》が「乗輿《じょうよ》」すなわち元正女帝を名指しで非難したというのである。ともに斬刑に処せられるところを皇太子首皇子の助命で死一等を減じ、この日（二十七日）、三宅麻呂は伊豆へ、老は佐渡に配流されている。

関係記事がこれ以外に見あたらないために、具体的なことは一切わからないが、三宅麻呂が謀反を誣告したというのは、元正朝に対する不軌であろうから、元正を名指しで非難した穂積老の一件と同類であったことは確かである。

端的にいえば、二つの事件は皇位を継承した元正天皇に対する異議申し立て、すなわち元正朝の否定であった。それが元明太上天皇の崩御が引き金となって、一挙に噴出したのである。元明の崩御の日（養老五年十二月七日）、ただちに愛発《あらち》・不破《ふわ》・鈴鹿《すずか》三関の固関《こげん》（関所を警固させること）が行われたのも、不測の事態が予想されたからであろう。

元正は未婚であり、未婚の内親王の即位は前例がなかった。いくら措置を講じて対処したとしても、伝統からはずれた女帝を正統な皇位継承者とは認めないという風潮は、あって当然というべきであろう。しかしその根底に、草壁「皇統」を正統とする皇位継承法（不改常典）、裏を返せば「中継ぎ」のためだけに即位する女帝への痛烈な批判があったことを見逃してはいけない。

一般にはほとんど注目されることのないささやかな事件であるが、多治比事件のもつ意味は重大である。こののち相次いで起こる政変の多くは、この草壁「皇統」をめぐる争いであったといってよいが、その兆しはすでにこの多治比事件に芽生えていたのである。

長屋王の悲劇

草壁「皇統」をめぐる争いのなかで、最大の犠牲者といえば、なんといっても長屋《ながや》王《おう》であろう。

神亀六年（七二九）二月十二日、太政官のトップ左大臣であった長屋王が突如聖武天皇から死を賜り、自経した。みずから首をくくったのである。

発端は二日前の二月十日、長屋王がひそかに「左道（よこしまな道）」を学び、国家を傾けようとしているとの密告があったことである。その夜、藤原宇合《うまかい》らが兵士を率いて王の邸宅を包囲した。翌十一日に尋問が行われ、十二日には、弁明の機会を与えられることなく王は自害させられている。妻の吉備内親王とその男子四人も即日自害している。

法令では謀反の罪の場合、自邸で自害することは許されなかったが、王に対する恩情から認められたものであろう。王と内親王の遺体は十三日に生駒山に葬られた。

事件の逮捕者は九〇余人もの多数にのぼったが、十七日にはほとんどが釈放され、二十六日には王一族の存命者に対して禄の復活がなされている。まことにスピーディーな終息であった。

これが長屋王事件の顚末であるが、密告から長屋王の自害までわずか二日間、事後処理までを数えても二週間という手早い処置からすると、聖武天皇をも巻き込んだ疑獄事件であったことは間違いない。事件から九年後の天平十年（七三八）七月、もと長屋王に仕えていた従者が同僚を殺害するという事件が起こり、『続日本紀』は、被害者を「長屋王の事を誣告せし人なり」と記している。囲碁をしていた二人は、その間に話題が長屋王におよんで口論となり、殺人事件となったようであるが、『続日本紀』が編纂された時代、長屋王が無実の罪を着せられたことは公然の秘密であったといってよい。

それにしても、長屋王はなぜ自害に追い込まれたのか。鍵は聖武の皇子、基王《もといおう》の早死にある。聖武と光明子との間に嫡子基王が誕生したのは長屋王事件から遡ること二年前、神亀四年（七二七）閏九月である。聖武はむろんのこと、藤原氏にとっても待望の皇子であった。この基王は生後三三日目、早々と皇太子に立てられている。一歳未満の立太子は前例がなかったが、それは、「草壁の嫡子である文武の嫡子である聖武の嫡子」基王の、皇位継承者としての立場を再確認する手続きであったことはいうまでもない。皇位継承における草壁「皇統」の正統性を表明する儀式でもあった。

しかし、基王は翌年（七二八）九月、誕生日を待たずに亡くなってしまう。長屋王にとっては時期が悪かった。王自らが発願主となって進めていた写経の完成が、なんと、基王が亡くなって一〇日後だったのである。しかもその願経というのが当時の常識とは違って呪術的要素が強く、神仙（道教）思想の顕著な跋文《ばつぶん》であったという（新川登亀男「奈良時代の仏教と道教」『論集日本仏教史』）。長屋王が異端視される要素は十分にあった。この願経が、基王の夭死を願ったとする疑惑を生み、曲解して吹聴されたとしても不思議はない。基王の死で悲しみに沈んでいる時、為《ため》にする言葉が耳に入ったら、聖武ならずとも憎しみが噴き出したであろう。長屋王の写経は魔術的要素をもつ「左道」とされ、それを根拠に謀反を企てていると密告されたのである。

長屋〝親王〟の意味

事件の解明は容易でないが、仕掛け人が、聖武天皇のブレーンとなって政権を掌握する長屋王を陥れようとする藤原氏（武智麻呂）であったことは、まず間違いない。また道教臭を強くもつ長屋王との宗教観の違いに反発する僧侶たちが、長屋王の写経の内容などを武智麻呂の耳に入れたとしたら、聖武の疑念や怒りを掻き立てるのに、これ以上恰好の材料はなかったろう。事件はこうしてデッチあげられたのである。

陰謀のワナにまんまと陥った聖武も悲惨であるが、その聖武に憎まれた長屋王こそ哀れである。しかし、帰するところ、長屋王の血筋の良さに起因する事件であったことは間違いない。

天武天皇の孫である長屋王（父は天武の長男高市《たけち》皇子《おうじ》）は、元明女帝の娘吉備内親王を妻とし、その間に四人の子が生まれている。長屋王をはじめその子供たちは草壁嫡系ではないが、血筋の上では無視できない存在であった。そこで見落とせないのが、王やその子供たちに対してとられた措置である。『続日本紀』には霊亀《れいき》元年（七一五）二月、元明の勅により、「三品吉備内親王の男女を皆皇孫の例に入れたまふ」とある。皇孫（二世王）である夫長屋王との間に生まれた子は、当然皇曾孫（三世王）扱いであったが、それを特別に皇孫待遇にしたというものである。したがって勅には述べていないが、

13――長屋王木簡

子供が皇孫（二世王）として扱われるのであれば、当然父の長屋王は「親王」（一世王）の待遇を受けることになる。

以前、「長屋親王」と書かれた木簡が出土したことから、それは僭称（勝手に上の称号を称すること）であり、長屋王が権勢欲の持ち主であった証拠だとする見方が出されたが、それは違う。「親王」の称号を用いて不都合でない条件は、むしろ天皇側から与えられたことを理解すべきである。用いて僭称というものでは決してない。

長屋王に対してとられたこの措置は、王を厚遇することでいわば「皇室（草壁皇統）のミウチ」として位置づける一方、そうすることによって王・内親王一家に皇位継承権の放棄を迫ったものである。そして王もまたそれを了承し、忠誠を誓ったはずである。

その王一家が事件によって自害を強いられた。罪を問われたのが吉備内親王とその所生王子に限られ、王の妻の一人、不比等の娘長娥子《ながこ》と所生の子供らは不問に付せられている（図15〈六六・六七頁〉参照）。明らかに王・内親王一家が皇位を狙ったものとして断罪されたことを物語る。

しかし、長屋王は一貫して「皇室のミウチ」として行動し、皇位を奪う意志など毛頭なかったというのがわたくしの理解である。その点で、王自身が権勢欲を持ち、謀反を企てたということは考えられないが、草壁嫡系を脅かす存在としてつねに危険視される立場にあったことは確かである。好むと好まざるとにかかわらず、皇位継承の争いに巻き込まれる可能性はあった。

長屋王については、官人に対する勤勉実直の奨励、違反者の厳罰など規律を求めたことから、堅苦しい硬骨漢のイメージが強い。そんな王であったなら、事件はまさに青天の霹靂であったろう。王に弁明の機会が与えられなかったのか、与えられても弁明しなかったのか、いずれにせよ無言のままで自害して逝ったのは、一家を陥れた者たちへの死の抗議であったのかも知れない。

安積親王の急死

これまで、草壁「皇統」という新たな皇位継承の論理が生み出され、皇統が草壁皇子の嫡系に限定されていく経緯のなかで、さまざまな悲劇がもたらされたことを見てきたが、橘奈良麻呂《たちばなのならまろ》の事件ほど凄惨をきわめた出来事も多くはあるまい。

奈良麻呂の父諸兄《もろえ》は、長屋王没後政権を握った藤原四子（不比等の四人の息子）が、猛威を振るった疫病に罹り急死したあと、藤原氏に代わって政界のトップに立った人物である。しかし聖武没後、光明子・孝謙の後ろ楯によって台頭著しい仲麻呂と対立し、政権の座から引きずり下ろされる。この仲麻呂を打倒すべくクーデターを企てたのが橘諸兄の長男、奈良麻呂であった。

仲麻呂を殺害し、孝謙女帝を廃位させるというのが具体的な企ての内容であったが、驚くのはその

14――聖武天皇関係系図

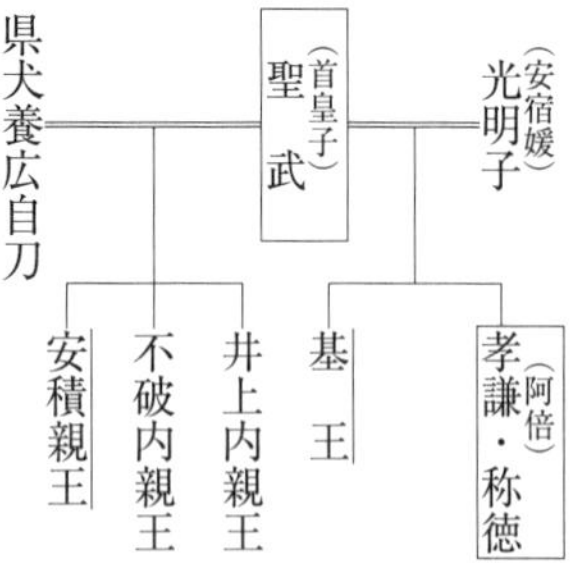

計画が、すでに孝謙の皇太子時代に立てられていることで、結末を告げるまで一二年もの長きに及んでいる。

奈良麻呂を謀反に駆り立てたのは、皇位継承者として期待されていた安積《あさか》親王《しんのう》の急死である。聖武のもう一人の夫人県犬養広刀自《あがたいぬかいのひろとじ》が生んだ皇子で、基王が亡くなるのと相前後して生まれている。奈良麻呂の変を理解するために、安積が急死するまでの経緯を簡単にでも述べておく必要があろう。

実は長屋王事件から半年後の天平元年（七二九）八月、夫人の立場にあった光明子が皇后となった。皇后は皇族（内親王）でなければならないという原則を無視して実現したものである。当時まだ二九歳であった光明子に皇子誕生を期待し、この後出生するであろう皇子の立太子を確実にするための条件づくりであった。皇太子の生母は皇后とする慣習があったからである（瀧浪「光明子の立后とその破綻」）。

しかし、光明子に皇子は生まれない。その一方で安積親王が一〇歳に成長する。安積は嫡系ではないが、基王が亡くなったあとは唯一の聖武の皇子であったから、このまま推移すれば早晩、皇位継承者として浮上することは、火を見るよりも明らかである。そういうなかで聖武が決断したのは阿倍内親王（のちの孝謙女帝）の立太子である。女子ではあっても（草壁）嫡系であり、安積よりも年長（この時阿倍は二一歳）であった。草壁「皇統」にこだわる聖武が、阿倍を安積に優先する皇位継承者

（皇太子）として位置づける道を選んだのは当然であったろう。

ただし、未婚の女帝となるであろう阿倍のあとの継承者は安積以外に存在しない。聖武は、阿倍を差し置いて安積を立てる動きは警戒したが、といって安積の皇位継承を否定したわけではない。聖武にとって阿倍の立太子は、そのあとの安積の皇位継承を見すえての措置であった（瀧浪『帝王聖武』）。それが基王夭折のあと、安積の擁立に動く貴族たちの理解を得る唯一の政治的手続きでもあった。

聖武は、近い将来における安積の皇位継承権を保証することで、女帝阿倍の位置づけを明確なものにしようとしたのである。

しかし後に述べるように、聖武の考えとは裏腹に、阿倍（女帝）を皇嗣として認めない風潮が強くあって、貴族官人たちの間には阿倍に対する批判がくすぶり続けていた。

橘奈良麻呂の変

それは阿倍の立太子から六年後、天平十六年（七四四）、安積の急逝によって噴出したように思われる。

安積が亡くなった翌年、天平十七年（七四五）五月、聖武は難波へ行幸するが、難波宮に到着後まもなく重病に陥った。その時である。奈良麻呂は、「陛下、枕席《ちんせき》安からず、殆ど大漸《たいぜん》に至らんとす。しかれども猶、皇嗣《こうし》を立つること無し。恐らくは変有らんか」（聖武天皇はもはや危篤なのに、まだ皇嗣が立てられていない。このまま崩御されればおそらく事変が起こるであろう）といって、大伴・佐伯の両氏にクーデターへの参加を誘っている。

15——天武天皇系略系図　＊は長屋王の政変で自経した人物

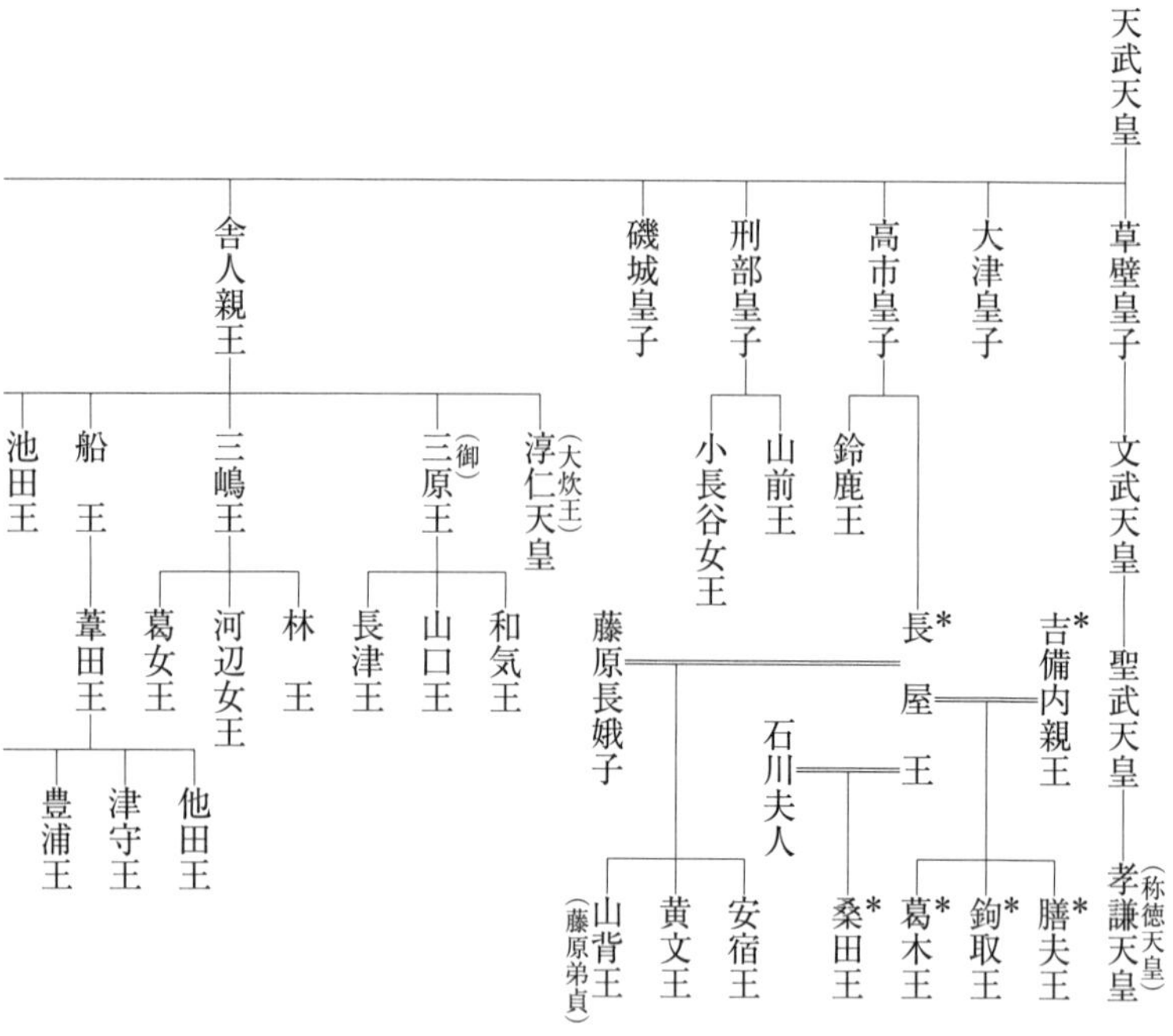

天平十年に阿倍が皇太子に立てられてすでに七年が経つ。にもかかわらず奈良麻呂が、「なお、皇嗣を立つることなし」と言った根底には、結局阿倍（女性皇太子）を皇嗣＝嫡子として認めないという意識があったことを示している。この時は聖武が回復したことで奈良麻呂らの動きも表沙汰にはならなかったが、奈良麻呂のこの認識は阿倍の即位後も変わることはなく、孝謙の存在をずっと否定し続ける。

　奈良麻呂のクーデターの計画が発覚するのは天平宝字元年（七五七）七月のこと、密告によってである。クーデターによって孝謙を退位させたあと、奈良麻呂らは四人（塩焼王《しおやきおう》・道祖王《ふなどおう》・安宿王《あすかべおう》・黄文王《きぶみおう》）の中から、新たに天皇を擁立しようとしていたこ

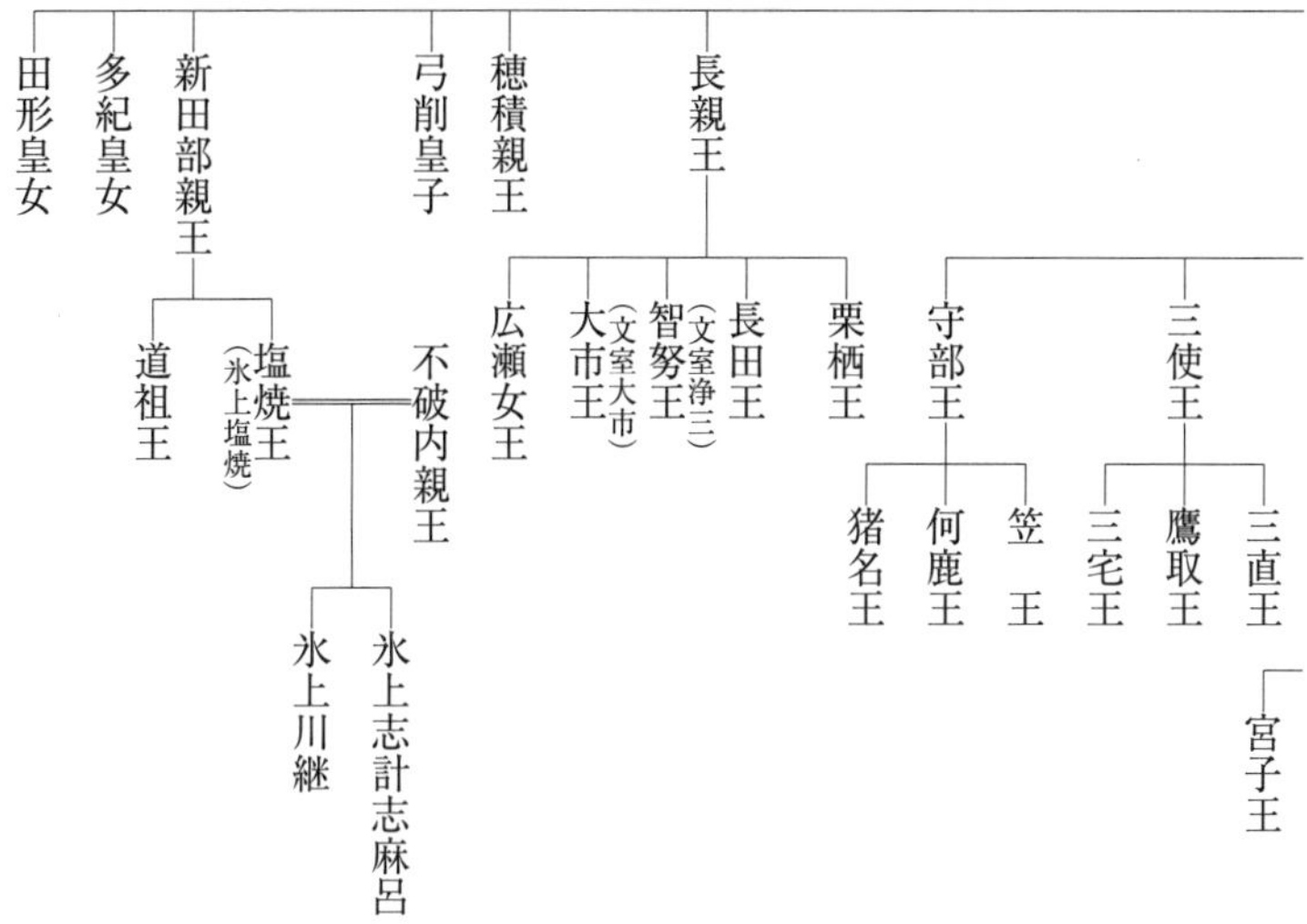

とが明らかとなった。塩焼王と道祖王は新《にい》田《た》部《べ》親王《しんのう》の子であり、安宿王と黄文王は長屋王（父は高市皇子）の遺児（母はともに藤原不比等の娘長娥子《ながこ》）である。新田部は天武の子であり、長屋王は天武の孫である。孝謙を正統な天皇と認めない奈良麻呂らは、草壁「皇統」が終わったとみて、皇位継承権を天武系王族へ拡大すべきである、というのがその主張であった。

　首謀者奈良麻呂をはじめ与党の者は一挙に拘禁され、全員が処刑された。仲麻呂の苛烈な取り調べによって、首謀者の多くは杖に打たれて拷問死し、その他の連座者も獄中に死し、あるいは配流された。その総数は四四三人に及んだという。四人の王たちも、そのなかに含まれていた。ただし、肝心の奈良麻呂の処罰については、『続日本紀』に記載がないが、誅殺されたとみて間違いない。一〇数年にわたってくすぶり続けた奈良麻呂の謀反の計画は、こうして壊滅された。それでも連鎖反応を恐れたのか、孝謙は人々の集会を禁止している。奈良麻呂事件がいかに根深いものであったかを知る。

政争のなかで勝つ者がいれば、かならず敗れた者たちがいる。奈良麻呂によって担ぎ出された四人の王たちも、草壁「皇統」をめぐる混乱のなかでもてあそばれた生涯を送らねばならない運命だったのである。

草壁「皇統」のゆくえ

草壁「皇統」の原理、すなわち皇位継承において草壁皇子の嫡子（男子）のみを正統とする論理を標榜する限り、孝謙の立場は否定されてしまう。そもそも孝謙が即位するのに、立太子の手続きは不要であった。元明や元正の例を持ち出すまでもなく、どの女帝も皇太子にならずに即位している。それを、わざわざ立太子という手続きを経て即位したのは、男帝と同じ立場であることを表明するためであった。しかし奈良麻呂の変は、それが貴族社会に通用しなかったことを物語っている。聖武は、そのことを誰よりも承知していた。

実は、奈良麻呂の変が表沙汰になる以前、聖武はすでに、自らの手で草壁「皇統」の原理を捨てていた。

『続日本紀』天平勝宝八歳（七五六）五月二日条によれば、「この日、（聖武）太上天皇、寝殿に崩ず。遺詔して、中務卿《なかつかさきょう》従四位上道祖王をもって皇太子と為す」と記す。聖武は遺詔によって道祖王を孝謙朝の皇太子に立てたのである。道祖王は新田部親王の子、すなわち天武の孫である。聖武が道祖王に白羽の矢を立てたのは、新田部系が数ある皇族中の長老格の家筋であったことによるが（瀧浪「孝謙女帝の皇統意識」）、大事なのは、これによって皇統の草壁嫡系が終わり、文武以後、はじめて皇位が天武の傍系に移ることになったという事実である。聖武によるこの立太子は、むろん没後の社会的混乱を避けるためであったが、わたくしがこの遺詔を重視するのは、聖武自らの手で嫡系相承の原理を捨てたことにある。

謀反を企てた奈良麻呂が、他氏が王を立てる前に大伴・佐伯の両氏が力を合わせて王を擁立し、天下の基礎を築きたいと語っている（天平宝字元年七月四日条）ように、孝謙を認めようとしない風潮は、臣下が天皇を擁立しかねない状況にまで事態を緊迫させていた。死期の迫った聖武が最期の決断に踏み切らざるをえなかった理由である。

熟慮の末、聖武がとった措置、それが天武系王族への皇位継承権の拡大であった。それは、その時点でなしうるもっとも有効で適切な措置であった。

ただしわたくしが思うに、天武傍系への拡散はこの時はじめて決意したことではあるまい。聖武の最後の皇子安積が亡くなった時点で、おそらく聖武の覚悟するところであったと考える。それを生前表明しなかったのは、遺詔という形をとることで、最大限にその効力を発揮させようとしたためである（瀧浪『帝王聖武』）。

繰り返すことになるが、聖武が草壁「皇統」の原理を捨て、皇位を傍系に移したのは、孝謙のために、なんとしても没後の内訌を避けたかったからである。それには異例であっても、太上天皇の聖武が立太子の選定をする必要があったのだ。しかしすべては裏目に出た。

聖武が没して一〇ヵ月後の天平宝字元年（七五七）三月、この道祖王は孝謙によって廃太子される。服喪中にもかかわらず侍童に通じただけでなく、民間に機密のことをもらし、素行が修まらないというのが理由である。道祖王に落ち度がなかったとも言い切れないが、真相は明らかでない。

代わって立てられたのが舎人親王《とねりしんのう》の子大炊《おおい》王《おう》である。天武の孫にあたる。大炊王は、これより先仲麻呂が、亡くなった長子の真依《まより》の妻粟田諸姉《あわたのもろね》を娶らせて仲麻呂邸（田村第）に住まわせていた。そんなことを考えると、道祖王の廃太子を含めて、すべてが仲麻呂の仕業であったことは明白である。そして、孝謙は不満を抱きながらも、この大炊王すなわち淳仁に譲位したのであった。

以上が、道鏡が孝謙と出会うまでの宮廷社会の様子である。道祖王（新田部系）にせよ、大炊王（舎人系）にせよ、何事もなければ皇位継承はかれら天武傍系で推移していくはずであった。草壁「皇統」を金科玉条とする認識は過去のものとなったに違いない。

ところが道鏡という後見者を得た孝謙は重祚に踏み切り、草壁「皇統」を主張する。考えてみれば、道鏡が草壁「皇統」という亡霊を再び呼び戻したといえなくもない。そしてそのことが貴族社会を混乱に陥れ、その後の悲劇を引き起こす原因となるのであった。聖武の危惧が現実となったのである。むろんこの時、孝謙も道鏡もそれを知るよしもない。

Ⅱ　法皇道鏡の誕生

16── 西大寺東塔基壇跡
藤原永手は，八角七重の塔であった当初の計画を四角五重に変更したため，地獄に墜ちたという（『日本霊異記』）．計画の変更は，発掘調査でも確認されている．

1　朕が仏の師

少僧都から大臣禅師へ

孝謙は、道鏡と保良宮で出会って二年後、天平宝字八年（七六四）重祚《ちょうそ》した。重祚は、草壁「皇統」に固執しつづけてきた孝謙にすれば、当然の帰結であったろう。翌年正月、年号も天平神護と改めている。

ただし皇嗣問題は、これによって振り出しに戻った、というより自身が解決すべき切実な課題となる。

しかし、それ以上に孝謙にとって重い課題となったのが、道鏡の処遇である。ここでは道鏡の扱いを段階を追って考えてみたい。

道鏡の処遇の過程でまず注目されるのが、少僧都から大臣禅師への任命である。仲麻呂を倒して二日後、天平宝字八年九月二十日、討賊将軍藤原蔵下麻呂《くらじまろ》が平城京に凱旋した日のことである。『続日本紀』によれば、この日称徳は詔を下し重祚について、自分は出家の身ではあるが天皇として国家の政治をとらないわけにはいかないと述べている。しかし、多少身勝手な解釈と思ったのであろうか、経典（梵網経）を持ち出し、経典でも「国王い王位に坐す時は菩薩の浄戒を受けよ」（国王が王位にある時は自ら進んで仏道に入れ）と説いてあるのだから、いま出家している朕が天皇として政治を行っても何ら不都合はない、と弁明している。そのうえで、「帝の出家しています世には、出家して在《あ》る大臣も在るべしと念《おも》ひて、（道鏡が）楽《ねが》ひます位にはあらねども、この道鏡禅師を大臣禅師と位は授けまつる」（出家天皇には出家した大臣がいてもよいと思い、道鏡が願っているわけではないが、大臣禅師の位を与える）と表明している。自分は出家の身であるが即位した以上は世俗の長である、その出家天皇の補佐には出家大臣がふさわしいといい、道鏡を大臣禅師に任じているのである。

道鏡は辞退したが、むろん形ばかりで、二十八日、称徳はふたたび勅を下し、「今この位を施すことは、豈《あ》に禅師を煩わすに俗務を以てせむや」（大臣禅師を授けたからといって俗務で煩わせるようなことは決してない）と述べ、改めて大臣禅師の「位」を与えている。

ここで強調されているのは、一つは、道鏡は出家者である称徳を僧侶としての立場から補佐するものであること、二つは、道鏡に与える大臣禅師の「位」は世俗的な職務を伴うものでないこと、である。とくに後者は道鏡を説得する形で述べられているが、それはそのまま貴族たちへの弁明でもあったことに留意しなければならない。この時、大臣禅師の俸禄について、「大臣に準じて」支給すべしとされたことから、行政職の大臣の権限を与えられたとみなし、道鏡は出家大臣として太政官のポストについたというのが通説であるが、それはあくまでも待遇上のことであって、俗官と同一視することは正しくない。むしろ俗官にはしないというのが、貴族たちとの間の了解事項であった。

ただし、道鏡の大臣禅師就任について注意したいのは、任命の詔が下された九月二十日以前、道鏡がすでに「大臣禅師」と称されていたことである。

この前後道鏡は、造東大寺司のもとにあった写経所から多くの経典を借り受けており、そのうち天平宝字八年九月十六日付けの借用奉請は、「大臣禅師の今日の宣を被《こうむ》るに云う」との書き出しで始まっている〈正倉院文書〈奉写御執経所等奉請経継文〉〉。造東大寺司内で、すでにこの時（九月十六日）、道鏡が「大臣禅師」と称されていたことが知られる。ちなみに『僧綱補任』『七大寺年表』ではさらに遡って、大臣禅師の任命を九月十二日としており、道鏡の就任が、実際には九月二十日以前に通達されていたことを思わせる。

そこで想起したいのが、仲麻呂の謀反が発覚した九月十一日、孝謙がただちに藤原永手《ながて》や吉備真備らを昇叙し、さらに大宰員外帥《だざいのいんがいのそち》として左遷されていた藤原豊成《とよなり》を右大臣に還任させるなどして、太政官体制の強化をはかっていることである。そうしたことから考えると、道鏡の大臣禅師任命もそれと一連の人事として行われたものとみてよいであろう。

仲麻呂の挙兵を機に、俗界大臣や官人メンバーの刷新をはかる一方、僧界においても道鏡を抜擢し、僧俗並立という新たな体制を打ち出し、すでに通達していたものと考える。

とはいえ、出家者である称徳の即位が過去に例のないものであっただけでなく、道鏡を大臣禅師に任じるというのは、明らかに先例や道理を超えている。とくに道鏡のこの処遇については、貴族官人たちから反発を招きかねなかった。そこで道鏡の役割が、出家天皇である称徳を、僧侶としての立場から補佐するものであることを明確にするため、改めて下されたのが『続日本紀』に記す先述（二十日）の「大臣禅師」任命の勅であったと理解する。

大臣禅師とは

そしてここで見逃してはいけないのは、その「大臣禅師」が道鏡のために新たに設けられた地位・立場だったという点である。

道鏡が少僧都に抜擢されたのは前年、孝謙の病を治癒した功による。少僧都は僧侶全体を取り締まり、仏教界を統括する僧官（僧綱の官職）で、長官である僧正、次官である大僧都につぐ重職である。しかし、大臣禅師は僧尼令に規定する僧綱（僧正や大僧都）ではない。仏教界に設置された僧綱とは別個の、特別に新設された地位である。称徳の言葉を借りれば、その役割は、「朕をも導き護ります己が師」（九月二十日条）であり、待遇は太政官の（左・右）大臣に準じるものであった。このことは、道鏡がたんなる僧侶の身分にとどまらず、別格の立場に置かれたことを物語る。

ただし称徳の論理からすれば、それは貴族たちが不満や不安を抱くような、従来の太政官のポストとは違うものである。そのことを周知徹底するために、道鏡が提出した大臣禅師の辞表（二十八日）を受けて、即日、称徳はふたたび勅を下し、道鏡に与えるのは「位」であり、世俗的な職務を伴うものでないことを改めて強調し、貴族たちの了解を取り付けたのである。

仲麻呂の挙兵を機に俗界大臣と僧界大臣とを並立させたのは、称徳が長い間育ててきた神仏習合の考えに基づく。わたくしはそのような政治形態を神仏習合政治と名付けているが、道鏡の大臣禅師任命は、まさにその実現に向けての第一歩であった。

己が怨む男女二人あり

この時期、称徳が構想した神仏習合の政治形態は翌年、道鏡以下百官を伴って出かけた紀伊行幸で、より明確になる。重祚したばかりの称徳にとって、それは重い意味をもつ行幸であった。

称徳が大臣禅師道鏡を伴って紀伊行幸に出発したのは天平神護元年（七六五）十月十三日である。これに先立ち、朝廷では大規模な準備に取り掛かるとともに、十月二日には、伊勢・美濃・越前の三関に使者を派遣して厳重に警固させている。三関の固関（関所を警固させること）は不測の事態が予想される場合に採られる厳戒体制で、行幸に当たって行われるのはきわめて異例であった。

実は二ヵ月前の八月一日、参議従三位兵部卿和気王《わけおう》（御原王《みはらおう》の子）が逮捕されている。『続日本紀』には、和気王が皇位を狙い、紀朝臣益女《きのあそんますめ》にワイロを贈って称徳を呪詛させたと記す。益女は「巫鬼《ふき》（霊媒・祈禱）」を行うことで知られ、和気王の寵を得ていた。また和気王が先祖の霊に祈願した文書には、「己が心に念ひ求むる事をし成し給ひてば、尊き霊の子孫の遠く流して在るをば京都に召し上げて臣と成さむ」（心に願っていることを成就させていただいたならば、遠流に処せられている先祖の子孫たちを都に召還して、天皇にお仕えする臣下といたしましょう）と記し、「己が怨む男女二人在り。此を殺し賜へ」とまで書かれていたとある。

和気王は、天武天皇の子舎人親王の孫で、廃位された淳仁の甥にあたる。願文に書かれた「尊き霊の子孫の遠く流」された者とは、仲麻呂の乱によって淳仁とともに遠流に処せられた舎人親王の子孫たち、すなわち船王《ふねおう》（隠岐国）・池田王《いけだのおう》（土佐国）やその子供たち（船王の息子葦田王、孫他田王・津守王・豊浦王・宮子王らは丹後国に配流）をさす。つまり、いずれも和気王の親族である（図15〈六六・六七頁〉参照）。「己が怨む男女」が、称徳女帝と道鏡を指すことはいうまでもないが、その二人を殺して和気王が皇位につき、召還した舎人系の人びととともに朝廷を立て直そうというのである。「己が怨む男女」を「殺し賜へ」という直截的な表現に、和気王の怨念のすさまじさがうかがわれよう。淳仁廃位のあと、有力な皇位継承者とされたのは、淳仁に連なる舎人系の諸王たち、なかでも和気王であった。淳仁の係累の多くは連坐し、配流されていたからである。

事は大事に至らず、結局、和気王は逮捕され、伊豆へ配流の途中、山背国相楽郡《さがらか》で絞殺されている。益女も同綴喜郡《つづき》松井村で絞殺されている。それだけではない、和気王と交友関係のあった参議粟田道麻呂《あわたのみちまろ》は飛驒員外介に降され、任地で妻とともに幽閉されて没している。また隠岐員外介とされた石川永年も数年後に自殺した。日向守に左遷された大津大浦だけは宝亀の初めに許されて帰京しているが、それにしても前後に例を見ない厳罰であったことに驚かされる。

この事件は、決して広がりのあるものではなかったが、王臣のなかでも皇位継承にもっとも近い立場にあった和気王が起こした事件であったところに、称徳の重祚が深刻な事態を生み出していたことを物語る。

称徳・道鏡らが厳戒態勢を敷いて出発したのも、そうした不穏な動きに対処するためであった。

紀伊行幸の意味

そうまでして称徳がこの時期、行幸に踏み切ったのには、むろん理由があり目的があった。一つは、父聖武の紀伊行幸にならってのこと、もう一つは、道鏡の故郷弓削へ立ち寄り儀式を行うこと、である。

話は遡るが、聖武天皇が紀伊国へ行幸したのは、即位した神亀元年（七二四）秋のことである。『続日本紀』によれば十月五日に出立し、七日、那賀郡玉垣勾頓宮《たまがきのまがりのかりみや》を経て翌八日、海部《あま》郡玉津嶋頓宮に到着している。ここで一〇日余り滞在し、岡の東に離宮を造営している。その間十六日、和歌浦に至って詔を下し、「遊覧するに足れり」とその風光を讃えて、「弱浜《わかのうら》の名を改めて、明光浦《あかのうら》とす」と嘉字に改め、玉津嶋の神、明光浦の霊を奠祭《てんさい》せよと命じている。有名な「若の浦に潮満ち来れば潟《かた》を無《な》み葦辺をさして鶴《たづ》鳴き渡る」（『万葉集』巻六—九一九）は、この時従駕した山部赤人《やまべのあかひと》の歌である。

聖武はこの年、春三月（二月に即位）、吉野に出かけており、紀伊はそれに続く行幸であった。かつて大宝元年（七〇一）、聖武の父文武も春に吉野、秋に紀伊へ出かけている。即位早々の聖武が吉野、ついで紀伊へ行幸したのは、文武のそれを後追いしたものといってよい。しかも聖武の場合、紀伊行幸が翌十一月に大嘗祭を控えての慌ただしい時期だったことを考えると、特別な意味をもつ行幸であったことは確かである。一世一代の大祀である大嘗祭をひかえた聖武が、父文武の行幸を追体験することによって、天皇としての責任と自覚を促そうとしたものに違いない。父に倣おうとする若き日の聖武の姿がうかがえる。

称徳の紀伊行幸も翌月（十一月）に大嘗祭を控えての出立であり、聖武と同じ十月に出かけたのは偶然でない。明らかに父聖武を手本とする行幸だった。称徳は孝謙時代に一度大嘗祭を経験しており、二度目であるが、正式に即位をしていない称徳にとって、今度の大嘗祭は格別な意味をもつ。それは即位を確認する重大な儀式でもあったからである。

聖武が父文武の足跡をたどることによって皇位継承の重みを実感したように、称徳もまた父聖武を後追いすることで、大嘗祭に臨むにあたり、決意もあらたに自らの覚悟を確かめたかったに違いない。孝謙時代以来、称徳の手本はつねに聖武であった。指針としたのは聖武の言葉であり、その行動であった。父聖武の存在がすべてであったといってよい。紀伊行幸もその一つであった。

しかし聖武と違うのは、称徳の場合、紀伊行幸にもう一つ、大事な目的があったことである。

檀山陵での下馬

紀伊へ向けて平城京を出発した称徳は、その日（十月十三日）小治田宮で一泊している。小治田宮といえば、かつて七年前、仲麻呂が進める保良宮遷都に向けて、そのコンセンサスを得るために淳仁と遷御したところである。当時は不信感を抱きながらも、仲麻呂に従わざるを得なかった称徳（孝謙）は、その仲麻呂を敗死させ、淳仁を廃位して重祚し、再び政務をとることになった。すべてのはじまりは道鏡との出会いにある。道鏡は、いまや不可欠の後見者となっていた。道鏡を伴って小治田宮に入った称徳は、改めて道鏡の存在の重みをかみしめたのではなかろうか。

翌十四日、称徳一行は大原・長岡を巡歴して明日香川に臨み、十五日、檀《まゆみ》山陵の傍を通過する。称徳にとっては曾祖父にあたる草壁皇子の山陵である。通過に際して称徳は陪従の百官に命じ、騎馬の者はすべて下馬させ、儀仗兵には旗や幟を巻かせて敬重の礼をとっている。草壁皇統に固執し続けてきた称徳にすれば、当然の行為であったが、きわめて政治的パフォーマンスであったことが知られる。称徳の立場を改めて確認する儀礼であり、それはまた貴族たちの理解と協力を求める手続きでもあったことに留意したい。むろん、称徳と道鏡との絆を深める礼式ともなったに違いない。

ちなみに現在、草壁皇子の墓として宮内庁が管理しているのは奈良県高市郡高取町にある岡宮天皇真弓丘陵である。丘陵の斜面にあって遠方からでも眺亡できる。ただし近年はその北、春日神社境内にある八角形の束明神《つかみようじん》古墳（高取町佐田）を皇子の墓とする説が有力である。

さて、十七日、一行は紀伊国鎌垣行宮（那賀郡）、翌十八日に紀伊国玉津嶋に到着している。称徳の滞在は一週間ほどであったが、その間、南の浜の望海楼に御し、雅楽や雑伎を奏さしめ、市を開かせて陪従の官人や土地の百姓たちに売買させている。市での賑わいは見る者の心を豊かにするのであろうか、称徳は道鏡とともにその賑賑しい有様をみて楽しんでいる。

淡路国から廃帝淳仁の死が伝えられたのはこの間、二十二日のことである。脱出を企てた淳仁が、

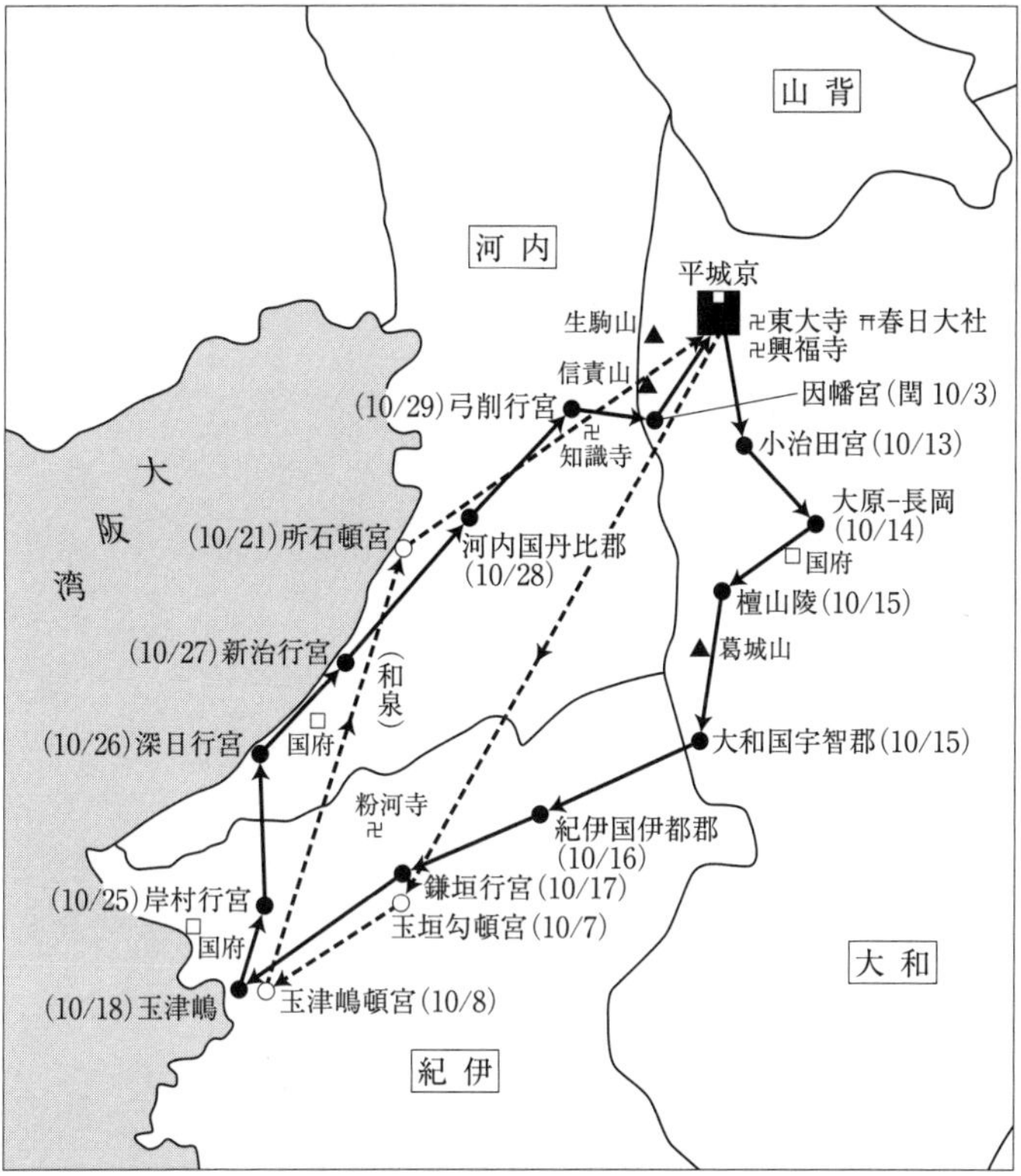

聖武天皇　経路 ○----○　平城京出発　神亀元年 10/5〜10/23
称徳天皇　経路 ●——●　平城京出発　天平神護元年 10/13〜閏 10/8 以前
(　)内の数字は到着した日

17—聖武・称徳天皇行幸経路

国衙の兵士らによって連れ戻され、翌日に没したという。配流中の淳仁については早くから復位を謀ろうとする動きがあり、噂を耳にするたびに称徳は語気を強めて批判し、その動きを誡めているが、淳仁の不自然な死から、自害したとも殺害されたともいわれる。真相は明らかではないが、いずれにせよ、淳仁が亡くなったことは、正式な即位をしていない称徳にとって区切りとなったことは間違いない。そしてこれ以後、称徳の関心は、ひたすら道鏡の処遇に向けられていく。

大臣禅師から太政大臣禅師へ

玉津嶋を後にした一行は海部《あま》郡岸村行宮（二十五日）から和泉国日根《ひね》郡深日《ふけひ》行宮（二十六日）に入り、同郡新治《にいばり》行宮（二十七日）、河内国丹比《たじひ》郡（二十八日）と来て、二十九日に弓削行宮に到着している。聖武は玉津嶋から和泉国所石《とろし》頓宮を経て平城京に還御しているが、称徳の場合、弓削宮で大事な儀式があった。

弓削行宮に入った称徳は三十日、弓削寺に赴き礼仏、庭では唐楽・高麗楽《こまがく》が奏せられ、刑部卿百済《くだらの》王敬福《こにきしきょうふく》らも祖国百済の舞楽を披露している。称徳が弓削の地へ行幸するのはこれがはじめてであるが、むろん平城京を出立した時から予定されたものであった。

翌閏十月一日、弓削寺および亡き両親とたびたび訪れた知識寺に食封をそれぞれ喜捨し、同二日、称徳は道鏡に太政大臣禅師の位を授けている。これが紀伊行幸のもう一つの目的であった。その時称徳が下した詔の大意を述べると、次のようなものである。

太政大臣は、それにふさわしい人のいる時には、必ず任ずることになっている。ここにわが師

（道鏡）が、私を、守り、助けて下さる有様をみると、「内外二種の人ども」＝出家者と在家者の人たちにも慈悲をかけられ、過ちなく朝廷にお仕え申させたいと思うが、この太政大臣の官を授けたいといえば辞退されるであろうから、太政大臣禅師の位を授けたいと思う。ただし道鏡禅師が知ればことわられるだろうから、禅師には言わないで授けるのである。

繰り返すことになるが、紀伊から和泉・河内への行幸の目的は、道鏡の故郷において、道鏡を太政大臣禅師に任ずることにあった。ただし、留意しなければいけないのは、ここでも称徳は、道鏡を「太政大臣の官」に任ずることは避け、「太政大臣禅師の位」を授けることを表明している点である。

18――東明神古墳

太政大臣は天皇の師範として、適任者がいる時にだけ任ずる則闕《そっけつ》の官であるが、かつて孝謙が仲麻呂を大師（太政大臣の唐名）に任じた際、「大師の官」（天平宝字四年五月四日条）と述べているように、称徳は「官」と「位」を明確に使い分けている。すなわち道鏡に授ける「太政大臣禅師の位」が世俗的な権限を伴うものでないことを強調したものである。これによって道鏡の立場は、称徳のスペシャルな〝師範〟であ

（道　鏡　関　係）	（永手・真備・白壁王関係）
少僧都に任	
	永手（従二位→正二位，9月　正二位大納言） 真備（正四位下→従三位）
	白壁王（従三位→正三位）
大臣禅師に任	
	永手・真備・白壁王に勲二等（仲麻呂追討の功）
	（永手・真備，御装束司長官 白壁王，御前次第司長官）
太政大臣禅師に任	
	永手，右大臣に任　白壁王・真楯大納言に任 真備，中納言（3月に大納言）に任
	称徳，永手第に行幸
法王に任｛円興を法臣 基真を法参議	永手，左大臣に任 真備，右大臣に任
（法王月料は供御に準ずることを決定）	
法王宮職の設置	
	永手（正二位→従一位，永手第に行幸の賞）
	真備（正三位→正二位，真備第に行幸の賞）
（始めて法王宮職印の使用）	
道鏡事件	
	永手に近衛・外衛・左右兵衛事，真備に中衛・左右衛士事を兼ねさせる
造下野薬師寺別当に左遷	

表3　称徳朝の政治体制

	（女　　帝　　関　　係）
天平宝字6（762）6. 3	孝謙，淳仁を非難し，大権を掌握
7（763）9. 4	
8（764）9.11	仲麻呂の乱
9.12	
9.20	
10. 9	淳任廃位，孝謙重祚（称徳）
10.14	称徳，立太子の必要性を強調
天平神護元（765）正. 7	
10.13	紀伊・弓削（由義）行幸（～閏10月）
閏10. 1	
11.16	大嘗祭
2（766）正. 8	
正.17	
10.20	
10.23	
神護景雲元（767）3.20	
3（769）2. 3	
2.24	
7.10	
9.25	
10. 1	「恕」の字を書いた帯を下賜する
10.15	由義行幸（～11.9）
宝亀元（770）閏 2.27	由義行幸（～4.6）
6.10	
8. 4	称徳没
8.21	

ることが、より明確に位置づけられている。

この日称徳はふたたび詔を下し、行幸に供奉した官人たちに道鏡を拝賀させ、そのあと道鏡とともに弓削寺を訪れ、礼仏している。弓削寺では、この日も道鏡の栄誉を祝って唐・高麗の楽、黒山《くろやま》・企師部《きしべ》の舞といった河内国の風俗歌舞が奏せられている。

驚くのは、平城京に戻った閏十月八日、行幸に従わなかった留守官すべてにも道鏡を拝賀させていることで、道鏡の位置づけを周知徹底させようとする称徳の配慮がうかがえる。

しかし繰り返して述べるが、道鏡は時の大臣らを超えて政界のトップに据えられたというのではない。道鏡の立場は、大臣禅師を賜与して以来、称徳が一貫して強調してきたように、世俗的な職務や権限を伴うものではなかった。だからこそ不満を抱きながらも貴族たちは、あえて反対することがなかったのである。

太政官体制の整備

称徳の意図は、この時も、一方で太政官体制の強化を図っていることからうかがえる。すなわち太政大臣禅師賜与から三ヵ月後の正月、藤原豊成の病没の後任として、藤原永手を右大臣に昇格させている。左大臣は空席であったから、永手が政界のトップに立ったことになる。また真備を中納言に登用し、そのあと藤原真楯《またて》の没後をうけて大納言に昇進させているから、正月に大納言に就任させた白壁王とともに、真備を廟堂の中枢に位置づけたことになる。道鏡だけが抜擢されているのではなく、永手や真備ら称徳朝を支えるべき称徳の寵臣が登用され、本来の太政官制の充実整備を図っていること

るであろう。

とを見落としてはいけない。

ともあれ、道鏡の太政大臣禅師の任命が大嘗祭に向けての措置であったことは、やがて明らかとな

2 道鏡と大嘗祭

宮城外での大嘗祭

道鏡が太政大臣禅師に任命されておよそ一ヵ月後の天平神護元年十一月十六日、美濃国を悠紀《ゆき》(由機とも書く)、越前国を主基《すき》(須岐とも)と定めて大嘗宮の造営に着手している。悠紀殿・主基殿がそれで、天皇親祭による大嘗祭の秘儀が行われる建物である。儀式の責任者は神祇伯中臣清麻呂《なかとみのきよまろ》であった。

大嘗祭は神聖な悠紀田・主基田でとれた新穀の飯と酒とを、天皇が祖先神と共食することで、天皇としての霊威と資格を継承する祭儀といわれ、一世一代の大祀としてもっとも重要な意味をもつ。稲の生育の関係から、天皇の即位が七月以前ならその年の十一月に、八月以降なら翌年の十一月に行うことが定められている。その年の新穀を供えて神を祭る儀式であるから、時期の制約があるのは当然であろう。

称徳の場合、正式に即位はしていないが、淳仁を廃位したのが十月であったから、規定通り、年を

超えて（七六五年）実施されている。しかし、仏教色が強いという点では異例の大嘗祭であった。

　称徳は孝謙時代に一度大嘗祭を経験しており、二度目であるが、仏教との関係はすでに初度（孝謙時代）の大嘗祭の際に、その萌芽がみられる。

　すなわち『続日本紀』によると、初度の大嘗祭は天平勝宝元年（七四九）十一月、因幡国を悠紀国、美濃国を主基国として「南薬園新宮」で行われている。この「薬園（新）宮」については平城京南にあったとし、現奈良県大和郡山市材木町とするのが通説であるが、これに従えば、孝謙の大嘗祭は京外で行われたことになる。

　いうまでもなく大嘗祭は、本来は朝堂院《ちょうどういん》前庭に建てられた大嘗宮（悠紀殿・主基殿）で行われた。淳仁天皇は乾政院《けんせいいん》（太政官院）、のちの光仁天皇・桓武天皇も太政官院で行われている。元正・聖武天皇、そして称徳天皇については『続日本紀』に場所の記載はないが、昭和六十年（一九八五）、平城宮跡の大極殿の前庭から、大嘗宮の建物とほぼ一致する三つの遺構の柱穴が発見されたことから、三天皇の大嘗宮跡と断定された。

　してみれば京外で行われた孝謙の場合が唯一例外であったことになり、異例といわねばならないが、わたくしにはそれが大極殿《だいごくでん》・朝堂院の改修などといった物理的な事情による結果であったとは思えない。孝謙が自らの立場を貫き通すため、意図的に宮城内を避けたものと考える。それは父聖武の強い影響を受けてのことではなかったか。

仏の子

聖武は紫香楽での盧舎那仏造立を断念し平城京へ戻ってきた後、平城京で大仏造顕を再開するも、体調不良が続きしだいに出家願望を強めていった。そんな時期、天平二十一年（七四九）二月、陸奥国から黄金が産出したという報が飛び込んできた。大仏の鍍金に必要な金が、当時、日本では産出しないと考えられていたから、夢のような出来事に聖武が歓喜したのも無理はない。

四月一日、聖武は東大寺に行幸し、造営中の盧舎那仏に礼拝し報謝している。聖武が盧舎那仏に北面して坐し、自らを「三宝《さんぼう》の奴（仏弟子）」と称し、仏に対して臣従を誓ったのはこの時のことである。

東大寺行幸を終えたあとの閏五月二十三日、聖武は薬師寺宮に遷御し、御在所としている。これは、聖武が宮廷（平城宮）を去り、薬師寺において出家生活に入ったことを物語っている。そして一ヵ月余後の七月二日、譲位の儀がこの薬師寺宮で行われている。

黄金産出で大仏造顕に完成のメドがついたことが、聖武に出家を決断させた要因になっていることは明らかである。出家は、むろん聖武の譲位を意味するが、奈良時代は男帝であれ女帝であれ、譲位は宮内で行われるのが通例であった。それを先例のない宮外の、それも寺院（薬師寺）の一画を譲位の場所とし、在所としたのは、この時期の聖武にとって譲位と出家は不可分のものとなっており、それが強い願望となっていたからである。

盧舎那仏の造立を思い立って以来、その完成が悲願だったことは、のちに孝謙が、聖武に尊号を追上する勅のなかで、「もし朕が時に（盧舎那の金銅の大像を）造り了ること得ぬこと有らば、願はくは、来世に身を改めて猶作らむことを」、との聖武の言葉を持ち出して述懐していることにもうかがわれる（天平宝字二年八月九日条）。

「三宝の奴」として大仏に北面して坐した時、聖武の傍らには光明皇后と、時に皇太子であった阿倍内親王（のちの孝謙女帝）が侍していたというから、聖武の思いは、二人にも共通するものであったろう。この時孝謙はまだ戒を受けてはいなかったが、まさしく「三宝（仏）の子」としての意識を強く抱いていたに違いない。その意味でこの夫婦・父娘は一心同体だったといってよい。

こうした孝謙の立場を考えると、この時期の孝謙は仏教との関係がすべてであったといってよい。大仏の完成は孝謙に託された課題であった。孝謙の即位後はじめての行幸（天平勝宝元年十月）が河内知識寺であったのが、そのことを端的に物語っている。

知識寺は、かつて聖武がその本尊を礼拝し、それがきっかけで大仏造顕を発願した寺である。以前にも述べたように、天皇の行幸は、多くの場合、政治的意味を持つ。まして即位後はじめての行幸は支配者の尊厳を示す、もっとも直接的な示威行為であり、重要な儀式であった。孝謙の場合、それが知識寺であったが、その寺へ五泊六日をかけて行幸しているのは、格別な理由があったからである。それは、尊像を拝することであらためて大仏造立という聖武の悲願を共有し、自らの役割を確認したものに違いない。事実、行幸から戻ってからの孝謙は父から受け継いだ大仏造立の事業を急ピッチで進めている。

こうしたことから知られるのは、孝謙も紛れも無い「三宝（仏）の子」だったということである。宮城内で大嘗祭を行わなかったのは、そうした孝謙の意識に関わるものであろう。

孝謙は、のち重祚（称徳）の際の大嘗祭で、これまで忌避したようには忌まないで、僧侶と俗人とが交わりあって大嘗祭を行ったと宣言しているように、当時の宮廷では、ハレの場における祭祀に神事と仏事をみだりに混交してはいけないという慣習があり、それが暗黙の了解となっていた。初度の大嘗祭を宮城内で行うことを避けたのは、「三宝の子」として自らがその禁を犯すことを憚ったもので、そうすることで自身の立場を貫いている。のちに述べる重祚時の神仏混交は道鏡の存在が大きいが、しかし「三宝の子」とする孝謙の考え方は、初度の大嘗祭にすでに萌芽がみられたことに留意しておきたい。

平城京外、南薬園宮での大嘗祭は、これもまた「三宝の奴」となった父聖武の継承を自らの使命と課した、孝謙の強い意志の表れであった。

19—河内知識寺東塔心礎

重祚の大嘗祭

話を重祚の大嘗祭、天平神護元年（七六五）十一月に戻す。

繰り返し述べたように、称徳はこの時点で正式に即位していなかったから、称徳にとって今度の大嘗祭は、あらためて即位を確認する重大な儀式でもあった。それだけではない、その立場は孝謙時代と異なっており、今度の祭儀は異例ずくめであったといってよい。

というのもこれ以前、すでに称徳は出家しており、出家天皇が大嘗祭を行う先例がなかったからである。そこで称徳は大嘗会の儀式が終わったあとの直会《なおらい》すなわち百官を集めての酒宴（豊明節会《とよのあかりのせちえ》）といい、三日間行われる）の最初の日（二十三日）に、宣命を発している。二つの勅からなるが、大意を述べると次のようなものである。

（1）今日は大嘗祭が終わったあとの直会の日であるが、このたびの大嘗祭がいつもと違っているのは、朕が仏の弟子として菩薩戒を受けた身であるということだ。そのために上はまず第一に三宝（仏）に仕え、次に天つ社・国つ社の神々を敬い、さらには天下を治めるためにふたたび皇位についたのである。

そして、「また勅《の》りたまはく」として、

（2）人びとは神々を仏から遠ざけ、神々は仏に触れてはいけないものだと思っている。しかし仏教の経典を見れば、仏法を守護しそれを尊崇するのは神々であると説かれている。だから、出家人（僧侶）と白衣（俗人）とが一緒になって神事に参列しても支障があるはずはない。今までは僧侶が大嘗祭に関わることを忌み避けてきたが、今度は避けずに僧侶も参加させ、俗人と一緒になってこの大嘗祭に奉仕させたのである。

すなわち前段の勅（1）は、仏弟子の身でありながら重祚するに至った理由を述べたものであり、後段の勅（2）は、神と仏を隔離することの非を指摘し、この度の大嘗祭で出家者と在俗者を交えて参列させたことを述べている。

知られるように、ここには典型的な神仏習合の思想が述べられている。こうした称徳の考え方はすでに初度（孝謙時代）の大嘗祭の際、その萌芽がみられたことは前に述べたが、ここではそれがより徹底された形で表明されている。しかもそれを、大嘗祭の中心である天皇親祭の秘儀を終えたとはいえ、直会の初日の宴席でわざわざ弁明しているところに、それまで神事と仏事の混交が忌避され、タブー視されていたことを物語っている。しかし称徳は、あえてその禁を破ったのである。混交を忌避する貴族たちに対する挑戦といってもよいであろう。むろんそれは、道鏡の存在を意識して挑んだものであった。

秘儀に侍した道鏡

称徳が僧侶と俗人を交えて参列させたというのは、この日の直会の宴席だけのことではなかったろう。

繰り返すことになるが、大嘗祭の中心は大嘗宮（悠紀殿・主基殿）でなされる天皇親祭の儀（いわゆる神祭り）である。十一月の中の卯《う》の日の夜から翌日早朝にかけて行われる深夜の秘儀である。のちの記録であるが『延喜式《えんぎしき》』（践祚大嘗祭条）には、天皇親祭に先立ち、皇太子をはじめ大臣以下諸官人が大嘗宮の南に設けられた幄下の座に着き、庭中で跪いて八開手《やひらで》の拝を行うとある。八度拍手を打つのである。称徳の大嘗祭で、貴族官人たちに交じって僧侶たちが参列供奉したというのも、この庭中での拝礼のことであったろう。むろん、大嘗宮の中にまで僧侶を引き入れ、秘儀（天皇親祭）に参列させたわけではない。

ただし道鏡だけは、大嘗宮の深奥の秘儀にまのあたり近侍した可能性がきわめて高い、とされたのは高取正男氏である（高取正男『神道の成立』）。『貞観儀式《じょうがんぎしき》』（九世紀末以降に成立）には、悠紀殿（主基殿も構造は同じ。親祭はこの両殿で同じ行動が繰り返される）の奥三間（祭儀はここで行われる）の内陣と、外陣にあたる前二間の様子が記されているが、後の記録によると、外陣に「関白の座」が設けられている。関白が常置されるのは平安時代のことであるが、氏は、そのことから遡って、当時太政大臣禅師という別格の立場にあった道鏡ならば、列席したことは十分考えられるというのである。太政大臣禅師と大宝令に規定する太政大臣とを同一視された上、これがのちの関白にも通ずる立場であるとして、このように考えられるわけだが、大嘗宮に入って秘儀に近侍したというのは、推測以上のものではない。ただし氏の理解に添って考える時、注目されるのが、一ヵ月前に出かけた紀伊行幸である。

この行幸については以前述べたように、天平神護元年（七六五）十月、称徳は道鏡を伴い、ほぼ一ヵ月をかけて紀伊・和泉・河内へと出かけている。それは父聖武の行幸にならってのことであったが、もう一つの目的は道鏡の故郷河内国弓削で、道鏡を太政大臣禅師に任命することにあった。してみればこの時の任命は道鏡に、僧侶たちを率いて祭儀に臨める立場を考慮してのものであり、その意味で大嘗祭に向けての措置であったと判断されるからである。

高取正男氏の理解は、あくまでも太政大臣禅師をのちの関白と同一視した上での見解であって、断定は出来ない。しかし、道鏡を太政大臣禅師に任命したその日、称徳は行幸に供奉した官人たちに道鏡を拝賀させているだけでなく、平城京に戻ったあと、行幸に従わなかった留守官すべてに対しても道鏡を拝賀させている。拝賀は本来、天皇に対する儀礼であり、道鏡がそれに匹敵する処遇を受けていることから判断すると、法体姿の道鏡が大嘗宮内に入った可能性は、きわめて高いと考えられよう。

それにしても、朝廷の伝統的神事である厳粛な大嘗祭に、官人たちに交じって法体姿の僧侶が参列した上、仏教者としてあるまじき日本古来の拍手（八開手）を打ったのは、これまで犯すことのなかった禁を公然と破ったものである。まして道鏡が深夜の祭典に近侍したのであれば、それが参列した貴族官人たちに与えた衝撃は計り知れないものがあったろう。秘儀が終わった直会の初日に、称徳がわざわざ弁明の宣命を発しているところに、神事と仏事はみだりに混淆してはいけないという観念が根強く存していたことを物語っている。

出家の身で重祚した称徳の行動は、明らかに神仏習合の考え方に基づいており、その限りで祭儀における俗人（神事）と僧侶（仏事）の共存に、称徳自身はほとんど違和感はなかったろう。正式な即位式をしていない称徳にとって、この大嘗祭こそ、そうした称徳の考え方を実現し、何よりも道鏡の立場を正当化する上で絶好の場であったように思われる。

大嘗祭の責任者

重祚の大嘗祭は、ともかく終了した。神祇伯《じんぎはく》（神祇官の長官）として儀式一切を取り仕切ったのは、中臣清麻呂である。祭儀が終わった直後の直会の初日（十一月二十三日）、中臣清麻呂は悠紀（美濃国）・主基（越前国）の国守たちとともに昇叙されているが、特に留意されるのは、「その心名の如くして、清慎に勤労して、𡾐《しきり》に神祇官に奉る」（名前の通り清廉で、勤勉忠実に神祇官の職を歴任した）として、清麻呂が正四位下から一階級飛び越えて従三位に叙されていることである。これ以前、参議に任じられ（七六二年）、官職では公卿の末席に列していたが、位階の上でも公卿として名を連ねることになったのは、破格の抜擢であったといえる。神仏混淆という異例の神事を、無事に終了させた功績に対する褒賞であったことはいうまでもない。

大嘗祭執行の責任者として、称徳が清麻呂を神祇伯に任じたのは天平宝字八年（七六四）、仲麻呂を討滅した直後である（『中臣氏系図』）。乱後には、平定に対する行賞として正四位下に叙し、勲四等まで賜っている。そんなことから清麻呂は仲麻呂から疎外されており、称徳朝に至って日の目をみたように思われるかもしれないが、そうではない。事実は逆で、仲麻呂が権力を掌握した天平宝字年間、清麻呂は急速に官位を昇進させ、紫微大忠にも任じられている。しかも淳仁と孝謙との間に不和が生じた時には淳仁の御在所である中宮院に侍し、仲麻呂の子訓儒麻呂らと勅旨の宣伝に当たっているから、仲麻呂からよほどの信頼を得ていたものと思われる。

そんな清麻呂を称徳が神祇伯に任命し、大嘗祭の執行に当たらせたのは、前例のない神事だけに様々な困難が予想され、余人をもっては代え難いと判断したからに違いない。

清麻呂の一族である中臣氏は、大化前代以来、朝廷の神事祭祀に従事してきた。蘇我と物部の両氏による崇仏・廃仏の争いでも、一族は廃仏を主張する物部氏側にくみしている（『日本書紀』）。一族のそうした立場は、文武二年（六九八）八月に下された詔により、確固たるものとなった。清麻呂の父意美麻呂《おみまろ》の時のこと、鎌足が天智天皇から賜姓され以来、一族が称していた藤原朝臣を継承するのは鎌足の息子不比等の系統だけに限るとされ、意美麻呂らは中臣の名に戻ることを命じられたのである。

いわれるように、これによって藤原氏（＝不比等）が氏族のもつ伝統（神祇）を一族の中臣氏にゆだね、自らは行政官への転身をはかったことは間違いない。しかし直接的には、この措置が三ヵ月後にせまった新天皇文武の大嘗祭という神事に中臣氏を専当従事させ、古式にのっとった盛儀を挙行するためであったことを見逃してはいけない。これを機に、朝廷の諸祭儀を担当してきた中臣氏の伝統を復活させ、以後の朝廷祭儀を中臣一族に管掌させる意図があったことも確かである。

以来、中臣一族は朝廷の諸祭儀の執行に専従し、なかでも大嘗祭を誤りなく遂行することに自負と誇りを抱いてきた。意味麻呂の子清麻呂が、朝儀典礼に精通する人物として名を知られ、「朝儀国典、暗練《あんれん》する所多し」（朝廷の儀式や国家のしきたりは、ほとんど記憶し通暁していた）と称賛されたのも（延暦七年七月二十八日条）、父祖を通して伝えられてきた祭儀の伝統とプライドを継承し、それを中臣氏の使命と自覚していたからである。

称徳の場合、大嘗祭が異例づくめであり、無事に終えることが出来るか否かは、祭儀の執行にあたる神祇伯の力量にかかっていたといってよい。それを行えるのは、おそらく清麻呂をおいて他にはいなかったろう。

中臣氏の人脈

清麻呂に白羽の矢が立てられたもう一つの理由は、中臣氏がもつ人脈の広さであった。

中臣氏は伝統的氏族であるだけに、一族は全国に広く分布し、居住している。かれらは在地での祭祀において中心的役割を果たしていただけでなく、それぞれがネットワークによって政治的関係を結んでいた。称徳・道鏡がめざす神仏習合、とくに神祇の仏教的変容の実現には、地方豪族が奉斎する神祇を掌握することが何よりも先決であり、権力基盤の強化をはかる上での要諦だった。中臣氏の存在が着目されたのも、けだし当然であり、その統括者として選ばれたのが清麻呂であった。また、中臣氏の本拠地が河内国の平岡神社一帯（河内郡）で、道鏡の一族と関わりの深い物部氏と密な関係にあったということも、道鏡たちに親近感を抱かせた理由であったろう。

ただ清麻呂について、ひと言付け加えておくならば、称徳の重祚大嘗祭に道鏡ら僧侶が参列したことに対して、清麻呂が何の抵抗も反発も感じなかったといえば、それは嘘になる。のちの光仁朝では、称徳・道鏡による神仏習合が一切否定され、神仏分離や排仏政策がとられるようになるが、それを推進した中心人物が、これまた清麻呂だったからである。そうしたことを考えると、重祚大嘗祭を挙行した清麻呂の複雑な心情を垣間見る思いがする。

清麻呂は、ある意味では政界の遊泳術にたけた、したたかな政治家であったといえるが、そうした清麻呂の信念や立場については、のちに詳しくふれよう。

大中臣の賜姓

ともあれ、清麻呂は大嘗祭の三年後、神護景雲二年（七六八）二月、道鏡の弟浄人《きよひと》が中納言から大納言に転じたあと、中納言に抜擢されている。神祇伯はそのままであった。またその日、清麻呂の子、子老《こおゆ》も中務少輔に任命されている。さらに翌三年六月、清麻呂とその子孫たちに大中臣が賜姓されている。『続日本紀』には、称徳が詔を下し、「神語《かんごと》に大中臣と言へること有り。而して中臣朝臣清麻呂、両度神祇官に任ぜられて、供奉失すること无《な》し。是を以て姓を大中臣朝臣と賜ふ」（神語に中臣をさして、大中臣ということがある。清麻呂は二度神祇官に任じられ、いずれの時も過失がなかった。そこで清麻呂に大中臣朝臣の姓を賜うのである）とある。

ここに見える「神語」とは祝詞のことで、祝詞式（『延喜式』）などに神祇官の中臣を大中臣を称している。中臣に対する美称として用いられたもので、称徳はそれを典拠に清麻呂の忠節を誉め、大中臣の姓を与えたのである。ここで想起したいのが、鎌足が賜姓された「藤原」を不比等だけが継承す

20――中臣・藤原氏系図

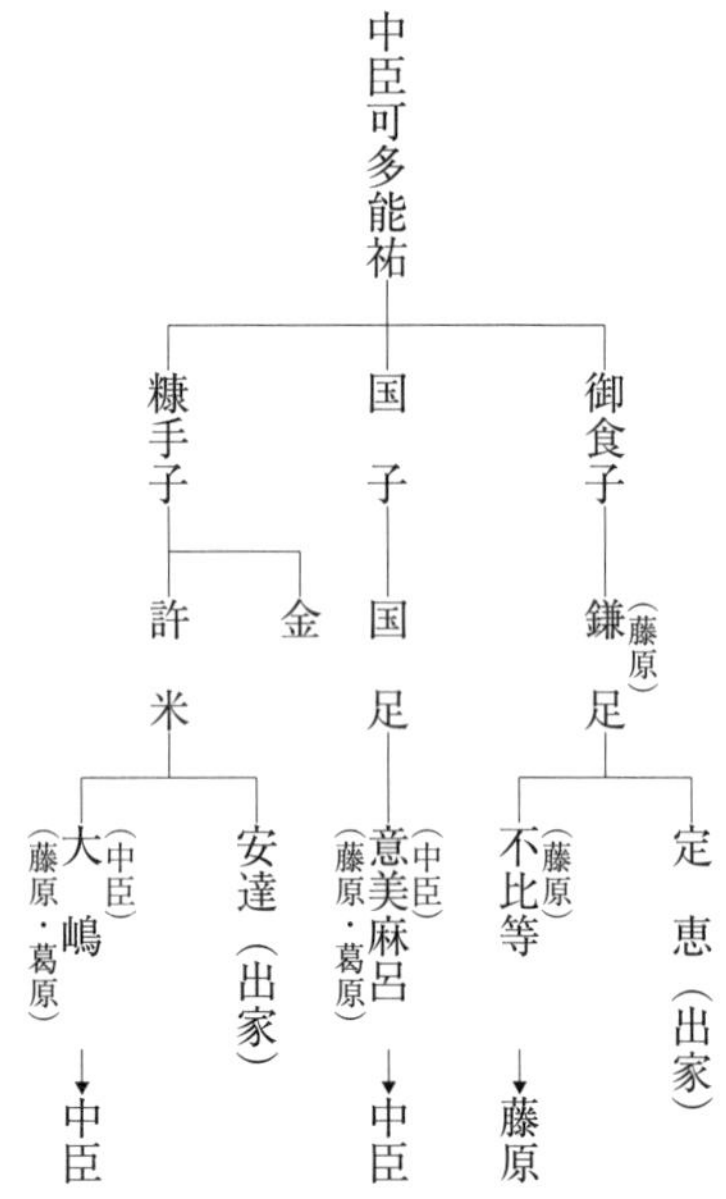

ることを許された事実である。

別掲系図（図20）で知られるように、清麻呂の父意美麻呂は中臣三流のうち国子《くにこ》の流れで、国足《くにたり》の子である。不比等（藤原氏）は御食子《みけこ》の流れであり、天智朝で右大臣となった金《かね》や、天武・持統朝にかけて中臣氏の氏上《うじのかみ》として重要な役割を果たした大嶋は糠手子《ぬかてこ》の流れである。不比等が活躍するのは、その大嶋が亡くなってからのことであるが、こうしてみると、三流のうち、意美麻呂の系統（国子・国足の流れ）の存在感がどうも薄い。

その意美麻呂の子清麻呂だけに大中臣が賜姓され、子孫が継承することを許されたのは、明らかに不比等だけが継承した「藤原」に対応する賜姓であった。称徳・道鏡がいかに清麻呂を信頼し、その手腕に期待を寄せていたかを物語っている。称徳たちがめざす神祇行政の推進者として、その責務を果たせるのは、清麻呂以外に考えられなかったということであろう。

事実、これ以後称徳・道鏡朝の神祇行政は、この大中臣氏を中心に展開されるが、わたくしが留意したいのは、光仁朝に入ると、清麻呂は従二位から正二位に昇叙され、神祇伯はそのままで右大臣となって太政官のトップに就任していることである。

意美麻呂らを中臣姓に復帰させ、自らは行政官への転身をはかることによって政治権力を握った不比等に対して、清麻呂は、神祇伯をテコにして政治行政を掌握し、栄光の座を手に入れたのである。それは、異例の大嘗祭を過つことなく執行し、称徳・道鏡朝の神祇行政を推進した清麻呂の手腕による。

大中臣氏の繁栄の基礎は、実にこの称徳・道鏡時代に築かれたものといってよい。

3 法王道鏡の誕生

仏舎利の出現

これまで述べてきたように、称徳は仲麻呂の敗死からわずか一年の間に、道鏡に対して大臣禅師ついで太政大臣禅師の位を授け、その立場を称徳の師範に位置づけている。しかし道鏡に対する処遇はそれに止まらなかった。さらにエスカレートし、ついに法王に至る。

弓削寺（宮）に行幸し、道鏡を太政大臣禅師に任じてから一年後の天平神護二年（七六六）十月、基真《きしん》という僧から、隅寺（海竜王寺）の毘沙門像から仏舎利が出現したとの報がもたらされた。隅寺は、法華寺の東北の隅にあったことから隅院とも角寺とも呼ばれた寺で、伝えによれば光明皇后が玄昉の入唐時、その無事を祈って建立したという。

隅寺から立派な美しい仏舎利が現れたのは如来の貴い験に違いないというので、称徳の喜びようは尋常ではなかった。称徳はこの舎利を隣の法華寺に収納させることにしたが、驚くのはその際、各氏族から壮年で容貌の整った者五位以上二三人、六位以下一七七人を選りすぐり、彼らに種々の幡と蓋《きぬがさ》を捧げ持たせて、舎利の前後を行列させていることである。そればかりか、さらに美観をそえるため、衣服に金銀の飾りをつけたり、朱・紫の色の使用を自由に許したという。華やかな行列の様子が目に浮かぶようである。

称徳は法華寺に収納した舎利を百官に礼拝させたあと、詔を下している。そのなかで、「諸の大法師等をひきいて、上《かみ》（トップの地位）といます太政大臣禅師の理の如く勧め行はしめ、教へ導き賜ふによりてし、かく奇《くす》しく尊き験《しるし》は顕し賜へり」といい、こうした「験」の出現がすべて師道鏡の導くところであることを強調し、「この尊く嬉しき事を、朕独りのみや喜ばむと念ほしてなも、太政大臣朕が大師に法王の位授けまつらく」と述べて、この日、道鏡に法王の位を授けている。またそのあと、太政大臣禅師（道鏡）は「此の世間の位をば楽《ねが》ひ求めたぶ事はかつて無」いが、朕（称徳）が禅師を敬う気持ちを表すために、「此の位冠を授けまつらく」と述べているのは、これまでの称徳の方針と変わらない。

円興と基真

同日、「諸の大法師」の中から選ばれた大僧都円興が法臣《ほうしん》に、基真が法参議・大律師《だいりつし》に任じられ、称徳は二人の法師たちについても、道鏡に従って仏道を志し、「世間の位冠をば楽《ねが》はずいまさへども」恩恵を与えないわけにはいかないので与えるのである、と述べている。法臣は大臣に、法参議は参議に相当する宗教界の地位である。

二人が選ばれたのは、むろん道鏡との関係からである。『七大寺年表』では、円興は元興寺僧で道鏡の弟子と記す。道鏡が葛城山で苦行をしていた頃からの顔見知りであったといわれており、道鏡の推挽によって宮中に抜擢されたようである。道鏡が太政大臣禅師に任命された翌年（天平神護二年）七月、中律師（律師は僧正・僧都につぐ僧綱の職）から大僧都となっており、早くから道鏡のブレーンであったと思われる。

基真は興福寺僧で、円興の弟子である。道鏡が基真を抜擢したのも、円興との関係によるものであろうが、早くから基真に目をかけていたことも事実である。というのはこの日、基真に物部浄之《きよし》朝臣の姓が与えられているが、『続日本紀』によれば、のち宝亀元年（七七〇）九月、「基信が親族近江国の人従八位下物部宿禰伊賀麻呂ら三人を、本の姓の物部に復す」とあり、物部宿禰伊賀麻呂らが基真（信）の親族で、その伊賀麻呂の本姓が物部であったことが知られるからである。

基真の本姓が物部であったことは確かであろう。弓削氏はその物部氏と深い関係にあったから、道鏡が基真に親近感を抱いていたことは間違いないと思われる。

ちなみに、基真が賜った「浄之」の二文字から連想されるのは、道鏡の弟弓削浄人が賜姓された「御浄《みきよ》」である。浄人の弓削氏はもと連姓であったが、天平宝字八年（七六四）七月に宿禰が与えられ、ついで上位の朝臣を賜ったが、同年九月、仲麻呂が近江国に敗走した日に、氏の名に「御浄」の二字を加えて「弓削御浄朝臣」と改賜姓されている。基真の賜った「浄之朝臣」は、この「弓削御浄朝臣」の「浄」の文字をとって与えられた姓であったと思われるが、これも両者の親密な関係を物語っていよう。

それはさて、留意しておきたいのは、この日法参議に任じられた基真が、同時に大律師の職にも就任していることである。

先述したように、円興もこれ以前から大僧都の立場にあった。したがって両者は僧綱の職を保持したまま、それぞれ法臣・法参議を兼任したことになる。僧綱での重要なポストを担いつつ、道鏡の補佐役に任命されたわけであるが、いうまでもなく法王道鏡の立場を明確にし、その権威づけをはかったもので、それによって体裁を整えたものといってよいであろう。

基真の位階

基真についてもう一つ気になるのが、基真はこれ以前、正五位上の位階を有しており、この日それを正四位上に昇叙し、さらに先に述べた物部浄之朝臣《きよし》という氏姓まで与えられていることである。僧である基真に位階を与えるのが異例であるだけでなく、賜姓までされているのは不可解な処遇といわねばならないが、当時の慣例からすれば、それほど違和感のあることでもなかったようである。

これ以前、淳仁天皇即位直後の天平宝字二年（七五八）八月、僧延慶《えんぎょう》は、自分は俗人でないので在俗中の外従《げ》五位下を返上したいと申し出ている。延慶は、唐僧鑑真一行を乗せた遣唐使船に同乗して帰国した人物で、鑑真一行を大宰府へ先導し、入京に随伴して通訳を務めたことで知られる。延慶の申し出は認められたが、勅により位禄・位田はそのままとされている。もし延慶が返上を申し出なかったならば、外従五位下の位階もそのまま保持し得たであろう。出家しても本人が辞退しない限り、俗人として賜った位階は、そのまま容認されたというのが実情であったように思われるが、むろん出家とともに多くの場合、辞退したことはいうまでもない。

しかし、基真は出家後も爵位を保持したまま僧侶生活を続けていたようである。この日、位階の昇叙とともに賜姓まで認められたのは、基真が仏舎利出現の報告者であった功を賞してのものである。異常なまでの出世欲の持ち主であったことを思わせるが、仏舎利の出現の出所がそんな基真であったとすれば、ハナからきな臭い。案の定、神護景雲二年（七六八）十二月、基真の企んだ詐偽であったことが判明するが、このことについては、後にふれよう。

法王と天皇

道鏡に与えられた法王や、円興・基真の法臣・法参議については、数日後（十月二十三日）、それぞれの待遇が定められている。道鏡に対しては「法王の月料は供御《くご》に準ぜよ」といい、毎月支給される米・塩などの食料は天皇に準ずるものとされている。法臣円興に対しては大納言の、法参議基真は参議の、それぞれの月料に準ずるものとされている。

改めて述べるまでもなく道鏡に与えられた法王は臣下ではない。

法王とは経典などで説かれるように、本来は如来もしくは釈迦をさす。それが貴族社会においては「仏法を守護する王」、すなわち仏教界における天皇と受け取られていた。俗世間を離れた道鏡が就き得る最高の地位であった。事実、神護景雲三年（七六九）正月三日、法王道鏡は西宮の前殿（正殿）において大臣以下の賀拝（年頭の賀）をうけ、自ら寿詞《よごと》で応じている（天皇の場合なら宣命で応えることになる）。法令では親王以下が正月の賀拝を受けるのは禁止されていたが、道鏡には認められたわけで、しかも当時、西宮寝殿は称徳の日常居所となっていた。賀拝が行われたのはその「前殿」であったとはいえ、容易に臣下が参入出来る場ではない。道鏡が、さながら〝天皇〟のごとく扱われていたことが知られよう。

それは、道鏡の居所を「法王宮」（正月七日条）と称していることからもうかがえる。のちに道鏡が没した時、「崇むるに法王を以てし、載するに鸞輿《らんよ》を以てす。衣服・飲食もっぱら供御に擬《なずら》ふ」（道鏡を崇敬するあまり法王とし、天皇の乗る輿の使用を許した。衣服や飲食も天皇とまったく同様であった）との人物評（宝亀三年四月六日条）は、潤色があるにしても、ほぼ事実に近かったとみてよいであろう。

たしかに法王は法界の〝主〟であり〝王〟であって、ある意味では俗界の称徳と並ぶ立場にあった。法王は大臣禅師や太政大臣禅師とは一線を画す、突出した立場であったといってよい。そうしたことから道鏡は、ここにおいて宗・俗両界の統治者となり、道鏡政権なるものを成立させたというのが通説である。

しかしそうした理解をわたくしは採らない。待遇や扱いの上ではともかく、道鏡が実務に関してどの程度の権限を有したか、疑わしいからである。道鏡が法王に任じられた当日、今度は、藤原永手が左大臣に、また吉備真備も右大臣に抜擢されており、称徳＝道鏡体制を支えるものとして位置づけられている。この二人は九ヵ月前に、それぞれ右大臣、中納言に任命されたばかりで、抜擢は、明らかに法王道鏡に対応しての人事である（表3〈八六・八七頁〉参照）。

このことは、道鏡を俗界から遊離した法王とする一方、永手と真備を太政官の上席に配置することで、称徳自身のブレーンとしたことを物語る。これまで繰り返し述べてきたように、道鏡だけが抜擢されたわけではない。従来はそのことばかりが強調され、それが称徳＝道鏡に対する偏見の原因であった。

道鏡が法王に就任したからといって、従来の太政官体制や政務運営が変わったわけではない。まして道鏡によって仏教界の組織や人事が一変したわけでもないことを、ここで再度確認しておきたいと思う。

法王宮職と紫微中台

道鏡が法王について五ヵ月後の神護景雲元年（七六七）三月、法王宮職《ほうおうぐうしき》が設置された。『続日本紀』によれば、造宮卿従三位高麗福信《こまのふくしん》が大夫《だいぶ》（長官）、大外記従四位下高丘比良麻呂が亮《すけ》（次官）、勅旨大丞《だいじょう》従五位上葛井道依《ふじいのみちより》が大進《だいしん》（判官）を、それぞれ兼任することが命じられている。その下には少進一人、大属一人、少属二人が置かれたから、皇后に付された皇后宮職や東宮に付された春宮坊《とうぐうぼう》とほぼ同じ構成・規模といってよい。ただし皇后宮職や春宮坊の長官（大夫）が従四位下、次官（亮）が従五位下、判官（大進）が従六位上の相当官位であるのに比して、法王宮職では、明らかにそれよりも位階の高い者がそれぞれ任命されている。したがって、構成・規模は皇后宮職・春宮坊と同じであっても、格式ではそれらを超える組織として創置されたと考えてよいであろう。むしろ、格式の点では、仲麻呂時代の紫微中台《しびちゅうだい》を意識して創置されたものとわたくしは見る。

知られるように紫微中台は、仲麻呂が孝謙の即位を機に、光明皇后の皇后宮職を改称したもので、自らが長官（紫微令）を兼ねている。その呼称は唐の玄宗皇帝の紫微省（中書省《ちゅうしょしょう》を改称）や則天武后の中台（尚書省《しょうしょしょう》を改称）に倣ったものというが、官位構成では長官（紫微令）の相当位は正三位、次官の（大・少）弼《ひつ》は正四位下から従四位下、判官の忠は正五位上から従五位下とされており、従来の皇后宮職よりも格式が高く、規模も大きくなっている。法王宮職の四等官の相当位もほぼこれに匹敵するもので、紫微中台に倣って設置されたものであることは、間違いない。

そのことは、任命者の顔ぶれをみても明らかである。紫微中台の任命者の多くは、大納言の仲麻呂をはじめ参議や式部省《しきぶしょう》・衛府《えふ》などに所属する官人が兼官している。法王宮職でもほとんどが兼官（造宮卿・大外記・勅旨大丞など）で、しかも後述するように、紫微中台の役人経験者が少なくない。法王となって以後の道鏡の施策や行動を見ると、仲麻呂に倣ったものが多く、道鏡がつねに仲麻呂を意識していたことを思わせるが、この法王宮職の組織もその一つであったといってよいであろう。ただし法王宮職が紫微中台と決定的に異なるのは、国政の実権を掌握するための組織として設置されたものではなかったということである。法王道鏡の雑務一般を処理する家政機関ではあっても、それを拠り所として太政官にかわり、国政の実権を掌握したわけではない。その点では、かつて仲麻呂が拠点にした紫微中台とはまったく性質を異にするものである。

この問題についてもう少し考えてみる。

法王宮職のメンバー

紫微中台が皇后宮職の系譜を引く役所であったことから、皇后宮や中宮職の官人が兼官として任命されているのが特徴であったが、法王宮職の場合、いずれも渡来人であるのが注目される。

すなわち長官である法王宮大夫を兼任した高麗福信は、高句麗から渡来した背奈福徳《せなのふくとこ》の孫である。叔父行文に従って入京し、相撲の技に秀でていたことがきっかけで官途につくが、聖武天皇の時代、天平十九年（七四七）、一族とともに背奈王を賜姓され、孝謙即位直後、天平勝宝二年（七五〇）に賜って以来、高麗朝臣を称している。

次官の法王宮亮を兼任した高丘比良麻呂（枚麻呂）は、百済から渡来した沙門詠《えい》の孫である。聖武の即位直後、神亀元年（七二四）、父河内《かわち》（はじめ、楽浪《さざなみ》と称す）の時に高丘連を賜姓されている。本籍地は河内国古市郡で、法王宮亮の任命から一週間後、比良麻呂は宿禰姓を与えられている。

法王宮大進を兼任した葛井連道依も渡来氏族である。葛井連一族は河内を中心に広く分布しており、その名は河内国志紀郡藤井（葛井）に由来するという。

法王宮職の主要メンバーがいずれも渡来人であるとともに、道鏡の故郷河内国出身が多いことも留意されよう。

ちなみに紫微中台には、長官の仲麻呂以外に藤原氏が一人も採用されず、大伴・石川・阿倍といった伝統的氏族の他、重立った渡来氏族からもそれぞれ一名ずつ任命されていて、氏族のバランスが配慮された人員構成となっているのが特徴である（天平勝宝元年八月十日条）。法王宮職の場合、右の三人以外、具体的なメンバーの名を知ることは出来ないが、おそらく渡来人が数多く採用されたことは想像される。というより、むしろ意図的に渡来人が登用されたように思われる。それには理由があった。

称徳は、自ら抱え込んだこととはいえ、一番苦慮したのが道鏡の扱いであった。そこで称徳は、道鏡を自らの師範として段階的に処遇している。すなわち、まず大臣禅師に、ついで太政大臣禅師に任命している。そして忘れていけないのは、称徳が一貫して強調してきたように、道鏡の立場は大臣禅師の賜与以来、世俗的な職務や権限を伴うものではなかったことである。だからこそ貴族たちもあえて反対することはなかったのである。

だが、法王は違う。道鏡の処遇として、大臣禅師や太政大臣禅師までは首肯できても、突出した立場の法王就任を簡単に容認することは出来なかったろう。

貴族たちにとっての道鏡は、学問的に名を馳せた高僧でもなければ、社会的に業績をあげた名僧でもない。たまたま女帝の病気を治癒したことから寵愛され、法王に上りつめた、いわば成り上がり者である。道鏡に対する処遇がエスカレートしていくごとに、反感が増幅されていったとしても不思議はない。藤原氏や大伴・阿倍といった伝統的氏族にとって、紫微中台の官人には就任しても、法王宮職の官人に任命されるのは、かなりの抵抗があったに違いない。そのことは称徳自身が誰よりも強く認識していたはずである。法王宮職の設置が法王就任後ただちにではなく、五ヵ月過ぎてのことであったのも、貴族たちのコンセンサスを得るのに必要とされた時間であったと思う。そんなことから、主として渡来人が法王官職の官人に選ばれたものと考える。

百済や新羅・高句麗などの滅亡によって日本に亡命してきた渡来人は、すでに二世・三世となっていたが、かれらの多くは賜姓され、才学や技術をもって朝廷に仕え、その才能には無視出来ないものがあった。また、道鏡の故郷河内国には古くから渡来人が分布居住しており、その意味でも、道鏡にとって渡来人（の子孫たち）は親しみが感じられる存在であったろう。

以上が、法王宮職に渡来人が数多く任命された理由と考える。裏を返せば、道鏡のもつ人脈がこの程度でしかなかったということである。

福信と比良麻呂

法王宮職のメンバーで、もう一つ留意されるのは、かつて紫微中台の役人だった者が少なくなかったことである。たとえば高麗福信（法王宮大夫）や比良麻呂（法王宮亮）である。

中衛《ちゅうえ》少将であった福信は天平勝宝元年（七四九）八月、紫微中台の設置と同時に紫微少弼を兼任させられている。同八歳（七五六）七月の東大寺献物帳には、紫微令仲麻呂とともに署名している。また比良麻呂も創設とともに少疏に任じられ、天平勝宝六年五月の紫微中台牒に署名が見える。この二人は、ともに若くして学問に通じていたといい、仲麻呂の信任を得ていたのであろう。

もっとも前述したように、比良麻呂はその後、仲麻呂が文書を改竄しているのを知り、兵士の動員を謀反のための兵力増強と見抜いて、ただちに孝謙に密告している。禍が自分に及ぶことを恐れての密告であったというが、結局は、仲麻呂を信用していなかったのである。

それはさて、法王の家政一般を処理する法王宮職では、当然、高度な事務能力が要求されたであろう。その意味で、紫微中台で実績をもつ右の二人は、まさに適任であったといえよう。

道鏡が法王となり、法臣の円興と法参議の基真を従え、そのもとで渡来人を中心として法王宮職が設置された。こうして法王宮職は一応の体裁を整え、スタートしたのであった。

法王の権限

繰り返していうが、法王宮職は太政官にかわり国政の実権を掌握した組織ではない。『続日本紀』には、神護景雲三年（七六九）八月、法王宮職発給の文書に始めて職印が捺されたとある。法王宮職が役所として整備され、機構が始動しはじめたことを意味するが、それが法王宮職の設置から二年半もたってのことであるから、どこまで実質的に機能したかは疑問であり、過大評価を避けねばならない。

法王として道鏡が行使した権限についても明証はない。のちに道鏡が没した時の「道鏡伝」に、「政の巨細に決を取らずということ莫《な》し。その弟浄人、布衣《ほい》より、八年の中に従二位大納言に至れり。一門に五位の者、男女十人あり」（宝亀三年四月六日条）と見える。政務について、道鏡は大小にかかわらずすべてに決を下したとあり、弟の弓削浄人は庶人の身分から身を起こし、八年の間に従二位大納言にまで昇進、道鏡の親族で五位にのぼった者は男女合わせて一〇人にものぼったという。

『続日本紀』にみえる秋麻呂（神護景雲三年に従五位上）・美努久女《みのくめ》（神護景雲三年に正五位下）・乙美《おとみ》努久女《のくめ》（同上）・刀自女《とじめ》（天平宝字八年に従五位下）・塩麿（神護景雲三年に従五位上）・美夜治《みやじ》（神護景雲元年に従五位下）・等能治《とのじ》（神護景雲元年に従五位下）・広方（神護景雲三年に正五位下）・浄方《きよかた》（神護景雲二年に従五位下）・広津（神護景雲三年に従五位下）ら一〇人がそれである。このうち美努久女・乙美努久女・刀自女の三人、美夜治・等能治の二人はそれぞれ姉妹で、いずれも女官である。広方は道鏡の弟浄人の子、浄方・広津は広方の弟である。道鏡との続柄が明らかでない者もいるが、いずれも縁者であったことは間違いない。

こうしてみると、たしかに弓削一族の抜擢昇任が目立つが、この種の事例はいくらもあることで、あえて異とするに足りない。ミウチの抜擢は政治的容喙の事実を示すものではあるが、それも少人数で、たかだか五位の下級貴族である。それをもって道鏡政権の確立とみなせるようなことではない。

また、道鏡失脚後のことであるが、『続日本紀』宝亀二年（七七一）正月四日条に、「天平神護元年より以来、僧尼の度縁《どえん》、一切に道鏡が印を用ゐて印す。是に至りて、また治部省の印を用ゐる」とみえる。度縁とは得度した者に与えられる公験《くげん》（公の証明書）で、もともとは僧綱の印によって発給されるものであった。しかし僧綱の専権を招くことになり、そのため天平十六年（七四四）、太政官（治《じ》部省《ぶしょう》）に僧綱の印（治部省印）を置いて、仏教に関する政も太政官の下に置く事を命じている。『続日本紀』の右の記事は、それを天平神護元年（七六五）以降は道鏡印が使用されるようになっていたが、この時（失脚後）、もとの治部省印に戻したというものである。僧尼の度縁に道鏡が関与していたことが知られるが、しかしその権限は、僧侶の人事や寺院の管理の全体に及ぼされるほどのものであったとは思えない。ちなみに記事に見える天平神護元年当時、道鏡は大臣禅師であり、その年閏十月に太政大臣禅師になっている。したがって道鏡が用いてきた、いわゆる「道鏡の印」は大臣禅師以来のもので、それは法王となって後も引き続き使用されていたことが知られる。この事実も、「道鏡の印」に象徴される「道鏡の権限」が、法王になっても大臣禅師・太政大臣禅師時代と大差のないものであったことを思わせよう。

4　道鏡と神祇

道鏡と仏教政治

道鏡が大臣禅師から太政大臣禅師、さらには法王となることによって道鏡政権が成立し、この間の六年は、仏教第一の政治すなわち僧侶政治が行われたと理解するのが一般的である。しかし、仏教界では法臣・法参議に任命された円興・基真以外に道鏡のブレーンと思われる僧侶は見当たらない。まして俗界で、弓削一族が権力の座を占めたといっても、公卿になったのは弟の浄人ただ一人だけ、廟堂で発言力をもつほどの勢力を形成したわけでないことはいうまでもない。そうした中で、道鏡が専権を振るえたかどうか、はなはだ疑問である。

事実、道鏡が大臣禅師となってから施策面で行われたことといえば、仲麻呂が唐風に改めた官名が元通りに戻されていること（天平宝字八年九月）、仲麻呂が養老律令を施行したことによって、六年に改変された官人の勤務評価の年限が従来の四年に戻されたこと（同年十一月）、ぐらいではなかろうか。

道鏡らしい仏教施策といえるのは、大臣禅師に任命された翌月、天平宝字八年（七六四）十月二日、放鷹司《ほうようし》を廃止して放生司《ほうじようし》が置かれたこと、ついで同十一日、鷹・狗《いぬ》あるいは鵜《う》を飼って狩や漁をしたり、諸国が御贄《みにえ》（天皇の献上品）として、鳥獣の肉や魚などの類を進上することや、中男作物《ちゆうなんさくもつ》（一七～二〇歳男子に課せられた税）の魚・肉・蒜《ひる》などの貢進を、すべて停止していることぐらいであろう。

前者の放鷹司とは狩猟にあてる鷹や犬を飼育・調教する役所である。すなわち狩猟を止めて放生(生物を山野に放つこと)を行うことを指示したものであるが、かつて元正天皇時代の養老五年(七二一)七月、放鷹司の鷹と犬、大膳職《だいぜんしき》の鵜を放つことを命じたことがあり、今回もそれに倣ったもので、独自の政策というものではない。

後者もまた、前者(二日)の放鷹司の廃止＝放生司の設置と一連の政策として、仏教で禁止する食肉戒・食蒜戒を国家の制度としたもので、僧侶としての立場から打ち出されたことはいうまでもないが、取り立てて仏教政治と呼べるほどの政策でもない。

そういう中では唯一、仲麻呂が誅殺されて半年後、天平神護元年(七六五)三月に下された加墾禁止令が注目される。天平十五年(七四三)の墾田永年私財法(条件付きで開墾地の永久私有を認めた法令)によって農民が有力者に駆使されるという弊害を除去するために、王臣貴族たちに対して土地の新たな開墾をいっさい禁じたものである。ただし寺院のみが例外とされ、天平勝宝元年(七四九)に定められた限度内で開墾することが容認されている。その結果、東大寺の場合は四〇〇〇町、元興寺は二〇〇〇町といった広大な土地の開墾が認められている。明らかに寺院優遇策であったといってよい。

しかし実際には、寺院優遇を眼目として出された法令ではなかった。加墾禁止令と連動する形で同日には、①王臣家が武器を私有すること②王臣貴族が三関国(伊勢・美濃・越前)の人を資人《しじん》(王臣貴族に与えられた従者）に採用すること、などを禁じる法令が出されている。仲麻呂を討滅したとはいえ、当時、王臣家に不穏な動きのあることをうかがわせるが、加墾禁止令以下、同日に出されたこれらの法令は、まさにそうした動きに対処するための一連のもので、北山茂夫氏が指摘されるように、すべて王臣貴族たちを抑える措置として打ち出されたものと見るべきであろう（北山茂夫『女帝と道鏡』）。寺院の優遇は、いわば副産物であったといってよい。

道鏡が大臣禅師になって以後の六年間、実際には、従来の僧綱の組織や人事が一変したわけでなく、極端な寺院・僧侶擁護政策が採られたわけでもない。仏教面においても、また一般行政においても、見るべき政策はほとんどなかったというのが実情であろう。

果たして、道鏡の時代を仏教政治と呼ぶのは間違った認識なのであろうか。先入観にとらわれずに、考え直してみる必要がありそうだ。

仏教政治の実態

称徳没後のことになるが、『続日本紀』宝亀元年（七七〇）八月十七日条に、称徳・道鏡について次のような評価が記されている。

天皇、尤《もっと》も仏道を崇《あが》めて、務めて刑獄を恤《あわれ》みたまふ。勝宝の際、政、倹約を称《い》ふ。太師（藤原仲麻呂）誅せられてより、道鏡、権を擅《ほしいまま》にし、軽《かろがろ》しく力役を興し、努めて伽藍を繕ふ。公私に彫《ちょう》喪《そう》して、国用足らず。政刑日に峻《さか》しくして、殺戮妄《みだ》りに加へき。故に後の事を言ふ者、頗《すこぶ》るその冤《つみ》を称ふ。

（天皇は厚く仏道を尊崇し、つとめて恩情ある裁判や刑罰を行った。孝謙時代は倹約政治と称されたが、大師（藤原仲麻呂）が斬首されてからは道鏡が権力をほしいままにして、さかんに土木工事を行い寺院を建立した。そのため公私ともに疲弊し、国家財政は窮乏した。政治や裁判も日増しに厳しくなり、やたらと人を処刑した。後の事（後継者問題）に関して罪におとされる者が多かった。）

一読して明らかなように孝謙時代は評価が高いのに対して、称徳時代は道鏡と結びつけられ、その治世は酷評されている。『続日本紀』が編纂されたのは平安時代のことで、政治的な評価よりは道鏡との男女関係という醜聞性において取り上げられる風潮が強い傾向にあったことを考えると、右の称徳評を鵜呑みにするのは、事実に反するであろう。

しかし、称徳・道鏡時代が仏教政治と呼ばれる理由がここには集約されている。多くの寺院を建立したことである。その最大の事業が、秋篠川の西方に建立された西大寺と西隆寺《さいりゅうじ》であった。

西大寺は、『続日本紀』によれば、当初称徳が、仲麻呂の乱の平定を願って四天王像を造ったのが始まりで、乱後、伽藍の造営に着手されたという。その名が示すように、両親ゆかりの東大寺に倣うもので、位置も東大寺（平城京の東）に対して平城京の西（右京一条三坊から四坊にかけての地）に建立された。造西大寺の長官には、かつて造東大寺長官として活躍した佐伯今毛人《さえきのいまえみし》が起用されている。道鏡の時代には完成しなかったが、西大寺の資財帳によれば、当時、境内には薬師金堂・弥勒金堂という巨大な二つの金堂をはじめ多くの伽藍が建ち並び、荘重な姿を彷彿とさせる。このうち五重の塔は、はじめ八角七重の予定であったといい（『日本霊異記』）、『続日本紀』宝亀元年（七七〇）二月二十三日条には、その東塔の礎石用に東大寺の東の飯盛山から巨岩（大きさ方一丈、厚さ九尺）を切り出して据えたが、数千人で曳いても九日間かかったうえ、巫覡《ふげき》（巫女の類）たちが石の祟りを言い立てるので、酒をかけ柴を積んで焼きこわし、道路に捨てた。さらに、称徳天皇が病気になったのをこの石の祟りというので、捨てた石をかき集め、浄地に置いて人馬が踏まないようにしたと記す。塔はその後普通の五重の塔に設計が変更され、現在は方形の基壇が残るが、発掘調査で八角形の基壇が発見され、当初計画された塔の巨大さがひとしきり話題となった。こうした心礎にも莫大な労力と費用がかけられ、しかもそれが徒労に終わったことが人びとの非難となったことはいうまでもない。

西隆寺は、この西大寺の東方に建立された尼寺である。これも聖武朝に建立された尼寺法華寺にならった事業であるが、道鏡が安易に土木工事を興し、たくさんの寺院を建立したために国家財政が窮乏したとの非難は、こうした西大寺や西隆寺の造営をさすと思われる。

これに関連していうならば、寺院の歴訪が多いのも称徳＝道鏡時代の特徴である。後述するように（表4〈二一一頁〉参照）、称徳の行幸は重祚以後圧倒的に増えている。これらの行幸にはほとんど道鏡が同行しているが、このうち道鏡が法王になった翌年、神護景雲元年（七六七）二月から三月にかけての寺院の巡訪は、寺院や僧侶に対する示威であったと思われる。

それにしても、これほど礼仏行幸の多い天皇は他に見当たらない。出家天皇であったことの表れであり、道鏡の影響によるものであったことはいうまでもない。

数多くの寺院の建立とともに、こうした道鏡をともなった度重なる寺院の歴訪も、貴族たちには度の過ぎた振る舞いと受け取られたに違いない。加えて、法王となった道鏡が、さながら〝天皇〟のごとき態度をとることへの嫌悪の感情が、称徳・道鏡に対する非難となっていったことは容易に想像されよう。

これが、いわゆる仏教政治と称される道鏡政治の実態だったと考える。

〝天皇〟まがいの振る舞い

それにしても貴族官人にとって、道鏡の態度は、さすがに目に余るものがあったであろう。

たとえば法王に任じられた翌年（神護景雲元年）正月三日、法王就任の祝賀を兼ねて、道鏡は西宮前殿で大臣以下から拝賀を受け、天皇ならば宣命で応じるところを自ら寿詞を告してそれに応えている。前日の二日、称徳女帝は大極殿に御して、降雨のために延期された元日朝賀の儀を受けているが、さすがに僧侶である道鏡の場合、大極殿での儀式は避けられたのである。

西宮は、当時、称徳が居所としていたところである。その前殿が大極殿に代わる儀式の場とされているところに、道鏡の存在がいかに重いものであったかを物語っている。しかし、誇らしげに寿詞を告する道鏡の姿に、虫ずが走るほどの嫌悪感を抱く貴族たちもいたに違いない。

ついで七日、称徳女帝が道鏡の法王宮に出御して、五位以上の貴族たちと白馬節会《あおうまのせちえ》の宴を催している。その席で道鏡は貴族たち一人一人に摺衣《すりごろも》（草木の汁で様々な模様を染め出した衣）一領、蝦夷に緋《ひの》袍《ほう》（あけ色の上衣）を与えているのは、法王宮の主としての威儀を示すための賜与であったと思われる。それが称徳の指示によるのか、道鏡自身が申し出たことなのか、分からないが、いずれにせよ貴族たちに対する道鏡の振る舞いは、法王という立場を超えるものとして受け取られたことは間違いない。法王は、あくまでも宗教界での〝天皇〟だったはずである。

道鏡のこうした〝天皇〟まがいの振る舞いは、僧侶たちにも異常な行動をとらせるようになっていった。その典型が基真であろう。先に述べた仏舎利の出現を報じた人物である。

基真の追放

『続日本紀』の記すところによれば、基真は好んで「左（呪術）」を学び、彼に仕える童子（小坊主）に呪をかけて意のままにしては、人の秘事をあばいたという。隅寺の舎利出現も自らの演出によるもので、道鏡に迎合しようとしたものとある。また法参議となり、随身の兵八人が与えられて有頂天になった基真は、ひとたび怒れば卿大夫であろうと法律を憚ることなく制裁を加えたので、「道路これを畏れて、避くること虎を逃るる如し」（道行く人びとも、虎から逃げるように基真を避けた）とも見える。法をも恐れないという基真の言動は、むろん道鏡の権威を笠に着てのものである。しかし事もあろうに師である円興を陵辱したので、ついにこの日、飛騨国に放逐されたという（神護景雲二年十二月四日条）。

円興を侮辱して追放され、基真の仏舎利詐偽がバレたわけだが、基真が企んだ舎利現出事件に道鏡が関係していたかどうか、定かでない。しかし、この事件によって基真が処罰された形跡もない。舎利事件が道鏡自身の指示によるものであったとしたら、基真を処罰することは出来なかったろうし、たとえ関係していなかったとしても、それが法王就任のきっかけとなっている以上、罰することは出来なかったろう。しかし、目上の円興を侮ったとあらば、さすがに道鏡も黙っているわけにはいかなかったのである。

拍手を打つ僧侶

基真を切り捨てた道鏡であるが、しかし道鏡たちに対する反発心は収まるどころか、僧侶たちが俗人と変わらない行動をとるという、異様な光景が繰り返されるなかで、ますます増幅されていったようである。

たとえば神護景雲元年（七六七）の六月から八月にかけて、平城京や伊勢の外宮（度会宮《わたらいのみや》）、あるいは三河国の空に祥瑞《しょうずい》の慶雲《きょううん》が出現し、それらは称徳・道鏡朝を祝福する瑞祥と見なされて、八月八日、僧六〇〇人を称徳が起居していた西宮の寝殿に招いて食事が振る舞われている。『続日本紀』には、その時の様子を、「緇《し》侶《りょ》の進退、復《また》、法門の趣《おもむき》無し。手を拍《う》ちて歓喜すること、一《もっぱ》ら俗人に同じ」（僧侶の振る舞いは仏門にある者とはとても思えず、手を拍って歓喜する様子は俗人となんら変わらなかった）と記している。

当時、拍手の礼というのは、神や天皇・貴人に対する祝意儀礼であった。それを、宮中に招待された六〇〇人もの僧侶たちは、何ら俗人と変わりなく、称徳女帝や傍に侍っていたであろう道鏡に対して、まるで俗人のように拍手をして歓喜の情を表したというのである。法王となった道鏡の絶頂期のこととはいえ、貴族たちには異様な雰囲気としか映らなかったろう。「法門の趣無し」「一ら俗人に同じ」との表記に、常軌を逸した道鏡をはじめとする僧侶たちへの非難が、皮肉を込めて表されている。こうしたこともまた、仏教政治と呼ばれる素地を生み出していたことも忘れてはいけないであろう。

道鏡が西宮前殿で天皇もどきの賀拝を受けたのは、それから二年後のことである。そしてこれが道鏡の生涯における絶頂期であった。

道鏡にとっての仲麻呂

繰り返していうが、法王として俗界の天皇称徳と並ぶ立場に据えられた道鏡が、道鏡政権なるものを成立させたとか、政治的に専権を振るったといったことを示す事実はない。まして従来の太政官体制や政務運営が変わったわけではなく、太政官の上席に配置された藤原永手や吉備真備など称徳のブレーンが実務面を支えていたのである。それどころか法王となっても道鏡には、将来に対する構想や展望があったとは思えない。

しかし、仲麻呂に対してだけは強烈な競争心をもち続けていたことは確かである。大臣禅師に就任すると、ただちに仲麻呂の政策を否定している。先にみた唐風の官名や官人の勤務評価を元に戻しているることなどがそれである。ただし、それはごく一部であって、大部分においては仲麻呂に倣おうとしていたように思われる。たとえば、法王宮職を設置したのも仲麻呂が紫微中台を置いたことに倣ったものである。また、道鏡が尽力した西大寺の創建は、仲麻呂が心血を注いだ東大寺の造営を意識してのものであり、後述するように、道鏡が故郷の河内国に造営した由義宮《ゆげのみや》を西京と称したのも、仲麻呂が造営した近江保良宮を北京と称したことを真似てのことである。神功開宝《じんぐうかいほう》という銅銭を新たに鋳造したのも、仲麻呂が開基勝宝《かいきしょうほう》（金銭）・大平元宝《たいへいげんぽう》（銀銭）・万年通宝《まんねんつうほう》（銅銭）などを真鋳したことを模倣したものと見てよいであろう。

称徳は、道鏡との関係で仲麻呂と対決せざるを得なかったものの、称徳にとって従兄にあたる仲麻呂は、有能な政治家として大きな存在であり、その敵対と死は称徳にも大きな衝撃を与えたに違いない。仲麻呂の冥福を祈って建てられたと伝える寺院の多いことがそれを物語っている。道鏡が仲麻呂を強く意識したのも、仲麻呂が称徳に与えた影響が余りにも大きかったからである。

そうした仲麻呂の政治姿勢において称徳・道鏡たちがもっとも苦慮したのが宗教行政であり、なかでも神祇祭祀の位置づけであったろう。仲麻呂はこの上もなく神祇好きだったからである。

仲麻呂の神祇好み

いうまでもなく聖武天皇時代、とくに天平年間以降は、盧舎那仏の造立や国分寺・国分尼寺の建立に見られるように、神祇よりも仏教を重視する傾向が顕著となっている。たとえば天変地異の対応策でも、それまでは原因を神の怒りとみて、大祓《おおはらえ》や奉幣によって災いを防ごうとすることが比較的多かったのが、読経や得度といった仏力への加護を求めることが目立ってくる。むろん従来の神祇祭祀を軽視しているわけではないが、仏力に期待しその加護を求めることに比重が移っている。ところが聖武が没し、仲麻呂が権力を握ると、扱いが逆転し、仏教よりも神祇に比重が置かれるようになる。

『続日本紀』によると天平宝字二年（七五八）八月十九日、淳仁の即位（八月一日）にともない摂津大夫従三位池田王を伊勢神宮に派遣して、斎王が卜定《ぼくじょう》されたことを報告するとともに、左大舎人頭従《かみ》五位下河内王《かわちおう》ら三人を派遣して伊勢神宮に奉幣し即位を報告、また全国諸社にも使者を派遣して奉幣・報告している。

即位に際して奉幣する事例は持統の即位時にまで遡るが、持統の場合は伊勢神宮への報告はなく、また奉幣されているのも畿内の天神地祇である。持統以降、こうした即位の奉幣は恒例の神事として継承されていたと考えるが、『続日本紀』では、この淳仁が初見である。『続日本紀』で淳仁の即位をことさら取り上げ記載しているのは、けだし伊勢神宮に対して特別に五位の官人が派遣されるなど、仲麻呂によってかつて例をみないほど大々的に行われたからであろう（ちなみにのち、即位儀礼と大嘗祭の斎行に先立ち、由《よし》の奉幣と称して神々に奉告されるのが恒例となる）。

しかし、この日の報告でそれ以上に注目されるのは神宮へ派遣される斎王が卜定されたことで、淳仁の即位からわずか十八日で選出されたことが知られる。前後の時代の斎王に比して、異例の早さであったといってよい（通例は即位の数年後に卜定される）。

以前述べたように、舎人親王の子である淳仁は天武の傍系であり、聖武（草壁系）とは直接血縁的なつながりをもってはいない。孝謙から正式に譲位されたとはいえ、正統性という点で、淳仁の立場には弱いものがあった。そこで仲麻呂は、即位後はやばやと斎王を卜定し、いち早く淳仁の権威付けを図ったものと思われる。伊勢神宮をはじめ諸国の神祇を最大限に利用し、淳仁の即位の正統性を確かなものにしようとしたのである。神祇通の仲麻呂らしいやり方であったといえる。

仲麻呂の神祇好きは、新羅征討の祈願や天変地異の対応策などの折りでも、全国の諸社に奉幣していることからも知られる。

こうしてみると神祇崇敬の仲麻呂は、仏教を重視した聖武時代に比して、神祇の位置づけを復活させ、仏教よりも重視する方針をとっていたことは明らかであろう。そのことは天平宝字元年（七五七）七月、時の天皇孝謙が詔を下し、橘奈良麻呂の謀反が未然に発覚し大事に至らなかったのは、第一に「天地の神」、第二に「御宇《あめのしたしらしめ》し天皇の大御霊《おおみたま》」、第三に「盧舎那如来、観世音菩薩、護法の梵王・帝釈・四大天王」の加護によるものであると述べ、神祇の加護を最上とする考え方に端的に示されている。むろん、孝謙の詔が仲麻呂の考えから出たものであることはいうまでもない。

しかしその後、仲麻呂を倒して重祚した称徳はすでに出家しており、道鏡を大臣禅師に任命してスタートしている。出家の身でありながら即位した称徳と、その出家天皇称徳を補佐する立場の道鏡にとって、一番の課題は天皇の権威の象徴として朝廷に伝承されてきた神祇祭祀と仏教との関係如何であり、仲麻呂が重視した神祇（祭祀）をいかに位置づけるかということであった。貴族たちにとって神祇（祭祀）が日常政務を行う上で、最大の精神的支柱となっていたからである。

称徳・道鏡はこの問題をどのように解決しようとしたのであろうか。

神霊の加護

これについて留意されるのが、天平神護元年（七六五）十一月に行われた称徳の大嘗祭である。前述したように、この大嘗祭に称徳は僧侶を参列させ、僧侶と俗人とが一緒になって神事に参列しても差し支えはないのだと弁明するとともに、その詔において、このたびの大嘗祭がいつもと違っているのは、自分が仏弟子として菩薩戒を受けた身であるからだと切り出し、「此によりて上つ方は三宝に供《つか》へ奉り、次には天社・国社の神等をも」敬うために重祚したと述べている。

すなわち称徳は、三宝（仏教）を第一とし、天地の神々はその下に位置づけているのである。それは、自らを「三宝の奴」と称した父聖武が、陸奥から出土した金を盧舎那仏の恵みであるとして報謝した詔のなかで、第一は三宝の力によって出土したものであり、第二は天神地祇の力、第三は先祖の天皇たちの力による（天平二十一年四月一日条）、と述べた考え方と同様で、それを踏襲したものといってよい。

そして仏教を第一とした場合の神祇との関係について、称徳は、前述したように大嘗祭の詔のなかで経典を引用し、神々は仏の守護神であると述べ、仏教と神祇の共存を主張したのである。仏教でいうところの護法善神、すなわち神仏習合の考え方である。

むろん、日本古来の天神地祇と護法善神とは同じでない。けだし、古来継承されてきた伝統的神祇が王権を支え、宮廷に根強く温存されていることを考えると、天神地祇の仏教的変容、すなわち天地の神々を仏教の護法善神として位置づける以外に、両者の共存をはかる解決策はなかったろう。そして、これが称徳・道鏡体制が理想とした神仏習合の政治形態であった。

そのことを端的に示しているのが改元である。仲麻呂を誅殺した翌年正月、天平宝字から天平神護に改元されたが、詔によると、逆賊仲麻呂の乱は「神霊の国を護り」、すなわち神霊の加護によって短時日のうちに平定することが出来たといい、それにちなんで天平神護の元号が選ばれている。また二年後の天平神護三年八月、景雲の祥瑞が出現したのにちなんで神護景雲と改元しているが、ここでもそれらを神霊の加護とみて、またまた「神護」の語を用いて報謝している。

仏弟子である称徳・道鏡時代が神の加護を得てスタートし、維持されていることを印象づけようとするものである。

時の政治状況によって行われる改元には、様々な意図が込められているが、神霊の加護にこだわり続ける称徳・道鏡にとってこれ以上ふさわしい元号は見出せなかったろう。繰り返していうと、神祇尊重の姿勢を踏襲しつつ、神祇よりも仏教を上位におき、神祇を仏教の護法善神として位置づけることで、両者の並存をはかるというのが、称徳・道鏡らのたどり着いた解決策であった。

伊勢神宮と八幡神

こうした神仏習合を進める上で称徳・道鏡らが重視したのは、諸国に存在する神社の掌握である。そのため、神社の整備と保護に乗り出している。

たとえば、先に述べた天平神護の改元において、それを慶賀し、全国の官社の神職たちに位階を昇叙している（元年正月）。ついで同年十一月、称徳の大嘗祭を前に、諸国の神社の修造を命じている。地震や火事などの災害によって被害を受けた神社の修造が命じられたことはあるが、大嘗祭のためにこうした大々的な修造が行われるのは前例のないことである。神祇尊重の方針を打ち出すとともに、これもまた称徳・道鏡時代が神祇に加護された時代であることを印象づけるための、きわめて政治的な措置であったといってよい。

ちなみに、『新抄格勅符抄《しんしょうきゃくちょくふしょう》』所引の「大同元年牒」によると、奈良時代の天平三年（七三一）から宝亀十年（七七九）までの間、大宰府管内を除く全国諸社に与えられた神封《しんぷう》は、この称徳・道鏡時代が半数を占めている。優遇することによって、地方神祇の掌握を積極的に進めていたことがうかがえる。

なかでも、とくに関係を強めようとしたのが伊勢神宮と宇佐八幡宮である。

いうまでもなく伊勢神宮は、大海人皇子《おおあまのおうじ》こと天武天皇が壬申の乱に際して戦勝を祈願し、以来、国家の宗廟として位置づけられている。乱後、天武の皇女、大来《おおく》（大伯）が初代斎王として派遣され、斎王制が整備されたことは知られるところである。

そうした伊勢神宮に対して天平神護二年（七六六）七月、その神宮寺に丈六の仏像の造立を命じている。神宮寺とは神社の境内（もしくは隣接地）に建立された寺院のことである。この場合、伊勢神宮にすでに神宮寺が存在していたのか、それともこの時、丈六仏とともにそれを安置する神宮寺の造営が発願されたのか、意見が分かれるが、いずれにせよ、神宮寺を通して伊勢神宮を掌握するための施策であったことは明らかであろう。

興味深いのは翌年八月、神護景雲と改元された時の宣命に、伊勢国守従五位下阿倍朝臣東人《あずまひと》が、外宮（豊受宮）の上に示現した瑞雲の姿を写生して奏上していることで、この時期、伊勢神宮側からも称徳・道鏡に接近をはかろうとする動きがあったことが知られる。注目されるのは、この伊勢豊受宮の示現を祥瑞とみて、神宮の関係者らを叙位していることであるが、とくに内外両宮の禰宜《ねぎ》二人に対して特別な昇叙がなされているのは、そうした働きかけの効果であったといってよいであろう。

ついで翌神護景雲二年（七六八）四月には、禰宜に対してははじめて中央官人と同様に季禄《きろく》（春と秋に支給された給与）を与えることにしている。同三年二月には全国の諸社に神服を奉納するとともに、とくに伊勢神宮に対しては大炊頭従五位下掃守王《かにもりのおう》・左中弁従四位下藤原朝臣雄田麻呂《おだまろ》の二人を派遣して、諸社ごとに男女神の服を、太神宮月次社には馬形と鞍を添えて奉納されている。伊勢神宮に対して格別の扱いがなされていることは明白である。

称徳・道鏡は宇佐八幡宮に対しても、積極的に働きかけている。

知られるように宇佐八幡宮も、聖武天皇時代、盧舎那仏の完成に協力したことから、国家神に匹敵する地位を与えられてきた。絶頂期には伊勢神宮の神封を越える封戸が与えられている。しかし、主神大神田麻呂《かんづかさおおみわのたまろ》らが薬師寺僧行信とともに厭魅《えんみ》事件を起こしたことから（七五四年）、仲麻呂時代は関係が途切れる。こうした経緯については次章で詳述するが、称徳・道鏡はこの宇佐八幡宮との関係を復活する。

すなわち仲麻呂が斬首された直後、天平宝字八年（七六四）九月二十九日、宇佐八幡宮に神封二五戸を施入している。かつて聖武天皇時代、藤原広嗣《ひろつぐ》の乱が終結した際、戦勝祈願の報賽として二〇戸が施与されているが、今回の報賽はそれに倣ったものといってよい。ついで天平神護二年（七六六）四月には、「神願」によって宇佐八幡の比咩《ひめ》神に封戸六〇〇戸を施入し、翌神護景雲元年九月には比売神宮寺（八幡宮のなかの比咩神の神宮寺）を造営することを命じている。施入した六〇〇戸の封戸というのは、厭魅事件によって宇佐神宮が返上した六〇〇戸を復活したものであるが、いずれも八幡神に対する積極的な働きかけをうかがわせるものである。

道鏡らが八幡宮との関係を積極的に進めようとしたのは、たんに国家神に匹敵する存在であったというだけではない。この宇佐八幡宮こそ、神仏習合の先鞭をつけた神社であり、早くから神仏習合を進めていたからである。これ以前、宇佐八幡宮の境内にはすでに寺院、すなわち神宮寺が存在しており、朝廷によって三重塔も造営されている（瀧浪『帝王聖武』）。

称徳・道鏡らが理想とする神祇と仏教の共存、すなわち神仏習合は、国家の宗廟である伊勢神宮とともに、仏法を崇める宇佐八幡宮を掌握することが何よりも先決とされた理由である。そしてそれが可能であったのは、習合の思想的地ならしが社会において、すでに出来つつあったからである。
こうした称徳・道鏡と宇佐神宮との関係が神託事件へと展開していくのは、もはや時間の問題であったろう。

道鏡との〝共治〟

称徳が道鏡に求めたのは出家者としての自らの分身であり、それが法王すなわち法界の主としての道鏡の立場であった。女帝自身と法王とによる、いわば〝共治〟体制が称徳の理想であり、法王は法界のシンボルであっても、実務的な職務や権限が付与されていたわけではない。俗界の天皇称徳を、法界のシンボルという立場から権威づけ後見していくという意味での〝共治〟であって、決して実務を女帝と道鏡とで分担していくというのではない。そして、こうした〝共治〟こそが、重祚以来称徳自らが体現する二面性—出家の身でありながら即位し俗界の天皇になった—いうなら「神仏習合政治」の総仕上げであった。

道鏡が法王になってから四ヵ月後、天平神護三年（七六七）の二月から三月にかけて、称徳女帝は東大寺（二月十四日）・山階寺（同二十八日）・西大寺法院（三月三日）・大安寺（同九日）・薬師寺（同十四日）などをつぎつぎに巡訪し礼仏している。しかも六月から七月にかけての景雲の出現にちなみ、二ヵ月後の八月、聖武天皇の時以来用いてきた〝天平〟を捨て、神護景雲と改元したのは、女帝と法王による〝共治〟体制の新たなスタートを期したものといってよいであろう。淳仁の時、改元を認めなかったことを考えるなら、この改元には大きな意味が込められていたといってよい。

しかし称徳は、道鏡を法王にはしても皇位につける考えは全くなかった、というのがわたくしの理解である。法王道鏡との〝共治〟が、称徳の抱いた最終的な政治構想であった。

そして、「こと」がなければ、この体制で推移するはずであった。

Ⅲ　神託事件の真相

21——大尾神社

神護景雲3年（769），道鏡を皇位につけよとの宇佐八幡の神託が伝えられた．真偽を確かめるため，称徳は和気清麻呂を宇佐神宮に派遣する．大尾神社は境内背後の山腹にあり，清麻呂が神託を受けたとされる所．

1　皇太子となるべき人

定められない皇太子

神護景雲三年（七六九）、宇佐八幡宮から、道鏡を皇位につけよとの神託がもたらされた。道鏡が法王となって三年目のこと、いうところの神託事件である。貴族たちにとっては、まさに驚天動地の出来事であったに違いない。しかし、このような突拍子もない事件が何の前触れもなしに引き起こされるとは、とても考えられない。事件が誘発される素地が、称徳朝には必ずあったはずである。

そこで、もう一度称徳女帝の重祚時に遡り、称徳が抱えた問題を考えることから始めたい。それは皇嗣問題である。

天平宝字八年（七六四）、孝謙は重祚し、翌年大嘗祭を行うことで、あらためて即位を表明した。しかし皇嗣問題は、これによって振り出しに戻ったといってよい。いったんは淳仁に譲位したものの、天皇になったことによって、称徳には皇太子問題が再び解決すべき切実な課題となったからである。事実、同八年十月十四日、淳仁廃位から五日後に、称徳は早くも貴族官人たちに次のような詔を下している。

国の鎮《しずめ》とは皇太子を置き定めてし心も安くおだひに在りと、常人の念《おも》ひ云へる所に在り。然るに今の間此の太子を定め賜はず在る故は、人の能《よ》けむと念ひ定むるも必ず能くしも在らず。天の授けざるを得て在る人は、受けても全く坐《いま》す物にも在らず、後に壊れぬ。故、是を以て念へば、人の授くるに依りても得ず、力を以て競ふべき物にも在らず。猶《なお》天のゆるして授くべき人は在らむと念ひて定め賜はぬにこそあれ。此の天つ日嗣の位を朕一《ひと》り貪りて後の継《つぎ》を定めじとには在らず。今しきの間は念ひ見定めむに、天の授け賜はむ所は漸漸《ぜんぜん》に現れなむと念ひてなも定め賜はぬ。

国家を鎮め護るためには皇太子を定めることが肝要である。にもかかわらず皇太子を立てないままでいるのは、その人と思って立てた人物でも天命を得ずに皇位につけば、結局は破滅してしまう。皇位というのは人が授けるものでもなければ、力ずくで獲得するものでもない。天命によって選ばれた人が現れるのを私は待っているのである。この「天つ日嗣」の位を私が独占して、後継者を定めないのではない、というのがその趣旨である。

詔にいう「後に壊れぬ」、すなわち破滅を招いたというのが、淳仁の擁立をさすことはいうまでもないが、それを強調することで立太子問題をカモフラージュしている感もある。道祖王《ふなどおう》を廃太子し、今また淳仁を退けた称徳にとって、立太子問題は慎重に運ばねばならぬ仕事であった。立太子に対するこうした称徳の姿勢は、この時期しばしば詔として表明されている。

しかし皇位継承問題をめぐる現実は、称徳が考える以上に深刻で、翌天平神護元年（七六五）八月一日、舎人《とねり》親王の孫和気《わけ》王が皇位を狙って称徳を呪詛《じゆそ》させるという事件が起こっている。詳しくは前に述べた（七八頁）ので繰り返さないが、事件は陰湿をきわめるものであった。

武器禁止令

じつはこれより数ヵ月前の三月五日、称徳は詔を下し、王臣家が武器を私有することを禁止し、朝廷に没収している。当時、王臣家に不穏な動きのあることをうかがわせるが、称徳は事件が起こったこの日、重ねて詔を下し、次のように述べている（『続日本紀』）。

天下の政《まつりごと》は、君の勅に在るを、己が心のひきひき（思い思いに）、太子を立てむと念《おも》ひて功を欲する物には在らず。然れども此の位（皇太子の位）は、天地の置き賜ひ授け賜ふ位に在り。故《ゆえに》、是を以て、朕も天地の明らけきを奇《くし》き徴《しるし》の授け賜ふ人は出でなむと念ひて在り。猶《なお》今の間は、明らかに浄《きよ》き心を以て、人にもいざなはれず、人をもともなはずして、おのもおのも貞《さだ》かに能《よ》く浄き心を以て奉仕《つかえまつ》れ。

大意は、天地が瑞祥を表して皇太子となるべき人がきっと出現するはずである。それまで人に誘われることも、誘うこともしないでほしい、というもので、王臣家に対して皇太子擁立の動きを掣肘している。

称徳の詔はこのあと、配流中の淳仁にも言及し、その復位を謀ろうとする動きがあるが、廃帝には天子としての器量がなく、復位はもってのほかである、と語気を強めて批判し、その動きを戒めている。淳仁の復位をはじめ、皇嗣をめぐる不穏な動きを、称徳自身がキャッチしていたことを知るが、王臣家の武器私有の禁止令は、まさにそうした動きに対処するためのものであった。

淳仁廃位のあと、淳仁の係累の多くは連坐し、配流されていたから、有力な皇位継承者とされたのは、淳仁に連なる舎人親王系の諸王たち、なかでも和気王であった。そのため称徳は、仲麻呂が敗死した直後から和気王の懐柔につとめている。すなわち王は従四位上から従三位に昇叙され、ついで参議・兵部卿に任じられている。また翌年正月、天平神護と改元された時、勲二等を賜り、同三月には功田五〇町を与えられている。王は仲麻呂の謀反を通報した一人であり、王だけの褒賞というのではないが、こうした立て続けに行われる王への一連の厚遇は、明らかに意図的なものと見てよい。

しかしその一方で、称徳が皇太子を立てないことを弁明すればするほど、和気王が称徳への不満や反発を強めていったとしても不思議はない。天命によって選ばれた人が現れるのを私は待っているとか、天地が瑞祥を表して皇太子となるべき人がきっと出現するはずであるといった称徳の言葉は、端的にいえば和気王の立場をまったく無視するものであり、適格者でないことを表明したものに他ならないからである。とくに王臣への武器私有禁止令が、和気王に決断を促す直接の契機となったことは間違いない。

しかし、武器を持たない和気王が取り得る手段は呪詛しかなかったろう。「己が怨む男女（称徳と道鏡）を殺し賜へ」と願文に書き、怨念をむき出しにしてまで敵対している。それだけに事件は陰湿をきわめたのである。

和気王の事件が終息した翌年、奇妙な出来事が起こっている。『続日本紀』によれば天平神護二年（七六六）四月、自ら「聖武皇帝の皇子」で、石上朝臣志斐弖《いそのかみあそんしひて》が生んだ者だと称する男子が現れている。取り調べてみると果たして詐偽だとわかり、遠流にされている。石上朝臣志斐弖は他に見えず、具体的なことは何一つ明らかでないが、こうした出来事も、称徳が立太子に向けて何の動きもしようとしない空隙によって生じたものといってよいであろう。

佐保川のドクロ事件

そして、またまた怪奇な事件が称徳の身辺に起こった。

神護景雲三年（七六九）五月二十五日、不破内親王《ふわないしんのう》が厨真人厨女《くりやのまひとくりやめ》と名を変えられて京内から追放され、その子氷上志計志麻呂《ひかみのしけしまろ》も土佐へ配流されている。この日称徳が下した詔によれば、不破内親王は「先朝（聖武朝と見る意見と淳仁朝とする理解とに分かれる）の勅」によって内親王の称号を奪われたが、それでもなお「積悪止まず、重ねて不敬を為す」といい、その罪は八虐《はちぎゃく》に相当するが、「思ふ所有るによりて」罪を軽減しての措置という。

不破内親王は聖武天皇の皇女で、母は県犬養広刀自《あがたいぬかいのひろとじ》である。称徳とは異母姉妹に当たる。罪の宥免はそうした関係によるものであろう。また内親王の称号剝奪とは、不破の夫塩焼王（氷上塩焼）が聖武に無礼を働いて配流されたこと（天平十四年十月）にかかわるものか、それとも塩焼王が仲麻呂に

22―皇位をめぐる争い　×は政争もしくは不慮による死

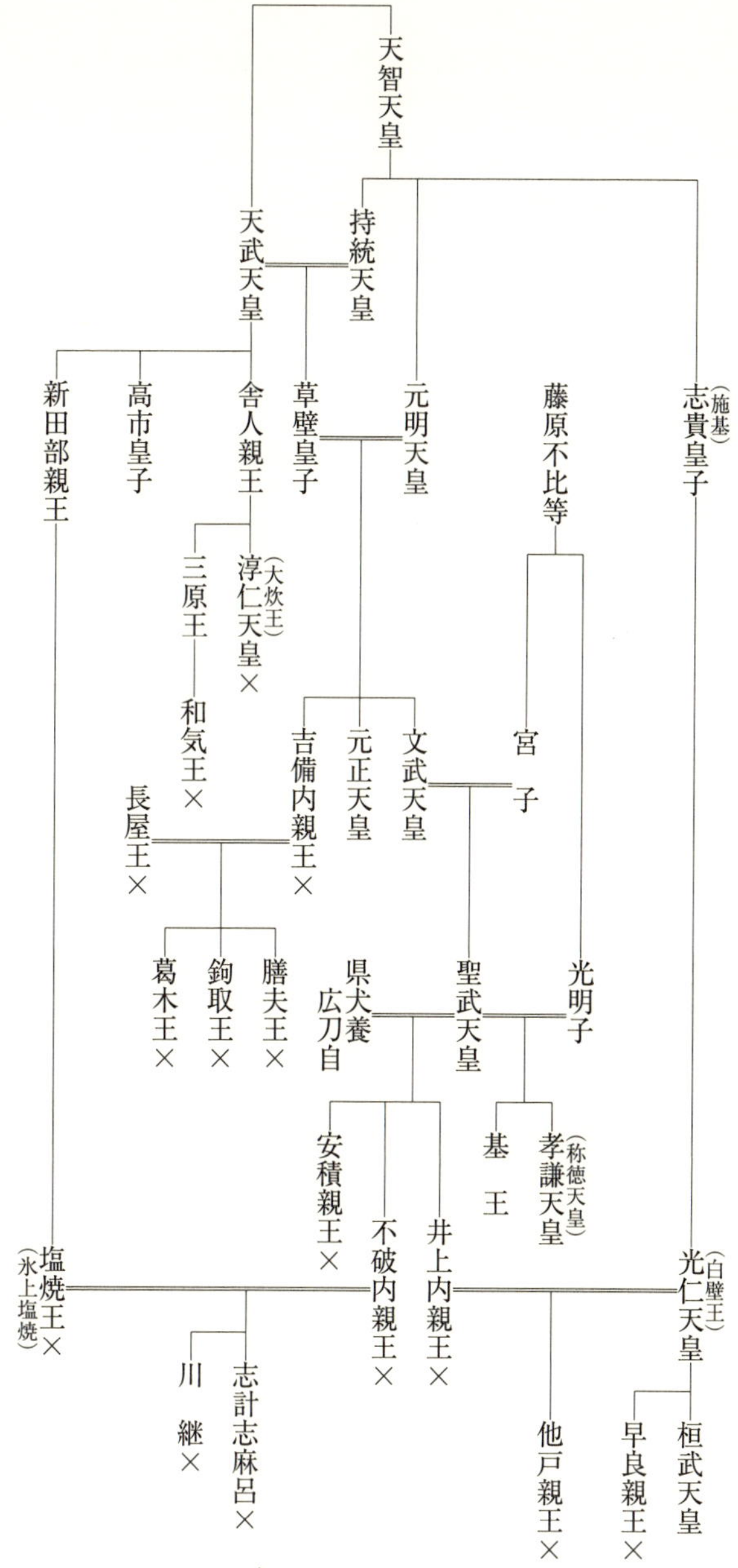

よって今帝として擁立されたこと（天平宝字八年）に関係あるのか、明らかでない。志計志麻呂はその塩焼との間の子供であるが、同じくこの日の称徳の詔によれば、志計志麻呂は仲麻呂の乱で父塩焼とともに処罰されるべきところを、母不破内親王の所生ということで免じられたが、いまその母の「悪行いよいよ彰《あらわ》る」との罪で配流に処されている。

事件の後始末はそれで終わらなかった。四日後の二十九日、今度は県犬養姉女《あねめ》が忍坂女王《おしさかのじょうおう》・石田女《いわた》王らを誘い、不破内親王のもとに通って謀議し、志計志麻呂を皇位につけようと企んだとして、一味の女官らとともに遠流に処されている。姉女らは「天皇（称徳）の大御髪《おおみかみ》を盗み給はりて、きたなき佐保川の髑髏《どくろ》に入れて大宮の内に持ち参り来て、厭魅《えんみ》すること三度せり」（天皇の髪を盗みとって、汚い佐保川のドクロの中に入れて宮中に持ち込み、三度も呪咀した）という。それが発覚し、姉女は犬部姉女と改名させられ、配流されたのであった。

一連の事件の首謀者が姉女であったことは間違いない。姉女は不破の母、県犬養広刀自の一族であり、志計志麻呂の外戚筋に当たる。また右の配流の詔で、姉女について称徳が、「内つ奴として冠位挙げたまひ、かばね改めたまひ」と述べているように、天平宝字八年（七六四）には内麻呂（姉女の父もしくは兄）らとともに県犬養大宿禰に改姓され、天平神護元年（七六五）には従五位下を授けられるなど優遇されており、後宮女官として称徳に近侍していたと思われる。称徳の頭髪を手に入れることができたのも、そうした立場によるものであろう。当時の呪法の一端が知られて興味深いが、女帝の髪の毛を盗み、佐保川で拾ってきた髑髏に入れて呪い殺そうとした、その生々しさに驚かされる。

それにしても塩焼といい、志計志麻呂といい、この父子は数奇な運命をたどっている。志計志麻呂の弟川継《かわつぐ》も、のちに皇位継承の争いに巻き込まれている（瀧浪「桓武天皇の皇統意識」）。天武の曾孫であり、新田部親王系の男子というだけでなく、母を通して聖武天皇の血を承けたことが時々の政治勢力に利用されたもので、なまじ皇位への幻想を抱いたばかりに運命に翻弄されつづけた父子であった。

姉女の雪辱

それはさて、この姉女の事件は、次の光仁天皇の宝亀二年（七七一）八月に至り、丹比宿禰《たじひのすくね》乙女《おとめ》の誣告であったことが判明する。『続日本紀』に、「初め乙女、忍坂女王《おしさか》・県犬養姉女ら乗輿を厭魅すると誣告《ぶこく》す。ここに至りて姉女が罪雪《きよ》む」（はじめ乙女は、忍坂女王と県犬養姉女らが天皇を呪咀したと偽って告訴した。ところがここに至って、姉女らの罪が晴れた）とあり、一ヵ月後の九月十八日には、犬部内麻呂・姉女らは県犬養の本姓に復されている。腑に落ちないのはこの時雪辱されたのが内麻呂・姉女ら県犬養氏だけで、忍坂女王など他の関係者には及ぼされていないことである。また、不破内親王が赦免されるのは一年四ヵ月もたった翌年（宝亀三年）十二月のことで、誣告というのもにわかには信じがたい。

そういえばこの前後、宝亀二年七月、廃帝淳仁の兄弟や縁者たちが皇親籍に戻されており、同じく九月には和気王の子供たちも復籍されているから、姉女らの復姓も、そうした措置の一環であった可能性が高い。しかも前年秋から本年にかけて、不破内親王の姉妹井上内親王が立后（宝亀元年十一月）、ついでその子他戸《おさべ》親王が立太子されている（同二年正月）。また姉女が雪辱されたのは、称徳の一周忌法会を終えた四日後であったことを考えると、誣告という形にして罪を許したというのが真相ではなかろうか。ただその場合でも、不破内親王だけが許されなかったのは、それほど許しがたい罪であったというよりは、聖武の血を承けた存在そのものが危険性をはらむと考えられていたのかも知れない。

以上は、称徳が重祚以来、皇嗣をめぐるトラブルを引きずっていたことの一端であるが、これだけでも称徳の重祚が貴族社会に全面的に歓迎されたものではなかったことが知られよう。それは、かつて奈良麻呂が公言した認識と共通するものであったといってよい。女帝を正統な天皇とみなさない風潮は、根強く残存していたのである。

称徳の苦悩

それにしても、立太子に向けての動きがないばかりか、謀反の企てを抑えること以外に称徳は何ら手を打っていない。重祚以後、自身に関わる深刻な事態に直面していた称徳は、立太子問題どころか、女帝ゆえに生ずる政治的動揺を乗り切ることで精一杯だったのである。両親がいた時期にはそれほどの深刻さは感じなかったであろうが、みずからの意志で重祚したいまは、すべてを自身の手で解決しなければならなかったのである。

称徳に付きまとうトラブルの責任が、後継者を定めないまま放置している称徳自身にすべてであるということを、称徳はむろん自覚していたはずである。しかし、この時期、称徳が皇太子を立てることは、不可能に近かったろう。称徳にとって皇太子たるべき条件は、称徳が抱く道鏡との〝共治〟という政治構想を支え、それを継承する人物でなければいけなかったからである。道鏡は、それほど称徳にとって、不可欠の後見者となっていた。「天のゆるして授くべき人は在らむと念ひて定め賜はぬにこそあれ」とか、「天地の明らけ奇しき徴の授け賜ふ人は出でなむと念ひて在り」といった称徳の弁明は、深奥からにじみ出る称徳の苦悩そのものであったように思われる。

託宣事件は、このような現実社会のなかで引き起こされた出来事だったのである。

2 宇佐八幡宮の謎

神仏習合の神

神護景雲三年（七六九）、豊前国（九州大分県）の宇佐八幡宮から道鏡を皇位につけよとの託宣が朝廷にもたらされた。いわゆる神託事件である。佐保川のドクロ事件によって県犬養姉女らが遠流に処されて四ヵ月後の出来事である。あとの議論のためにも、神託事件を考察する前に、この宇佐八幡宮について述べておきたい。本来、豊前国の地方神にすぎない八幡神が、どうして中央政界とのつながりを持ち、神託事件という国家の重大事と関わるようになったのか、その経緯を理解しておく必要があるからである。

宇佐八幡宮は、八幡大神（のちに誉田別尊《ほむたわけ》こと応神《おうじん》天皇とされる）と比売大神を祭神とするが、八幡神が初めて朝廷と関わりを持つのは聖武天皇の天平九年（七三七）、新羅との間に緊張関係が生じた折りである。

『続日本紀』によれば、発端はこの年二月、帰国した遣新羅使が、新羅国が従来の礼儀を無視して日本の使者を受け入れなかったと報告したことにある。これに対して朝廷は、新羅への対応策について官人に意見を徴収するいっぽう、伊勢・大神《おおみわ》（大和国）・筑紫住吉（宗像神社）・香椎《かしい》（筑前国）の各神社に奉幣しているが、このとき八幡二社（八幡神・比売神）も幣帛を受けている（天平九年四月一日条）。国家の宗廟である伊勢神宮は別格として、それぞれ古くから新羅遠征に関わる伝承を持つ神社であり、八幡宮についていえば養老四年（七二〇）の隼人《はやと》攻撃に際し、大伴旅人《おおとものたびと》が八幡神の助成を祈願したといわれており、そうした関係から奉幣されたものであろう。

宇佐八幡宮はこれをきっかけに朝廷とのつながりを深めるが、それをさらに強めたのが天平十二年（七四〇）十月、聖武天皇が大野東人《おおののあずまんど》に命じて、九州で展開された藤原広嗣の乱の平定を祈願させたことにある。翌十三年閏三月、平定の報謝として八幡宮に奉献された品々は秘錦冠《ひごんのかんむり》一頭、金字の最勝王経・法華経各一部（これは諸国の国分寺に納められたのと同じ仏教教典）、度者一〇人、封戸、馬五匹のほか、三重塔を造営させるというものであった。八幡神がいかに重視されていたかを知ることができるが、献上品はいずれも寺院への施入物といってよく、宇佐八幡宮の特異性をうかがわせる。

これは神仏習合が進むなかで神社の境内に建てられた寺院、いわゆる神宮寺（弥勒寺）が宇佐八幡宮にすでに存在していたことを示している。この宇佐八幡宮こそ、神仏習合の先鞭をつけた神社なのであった。こうした神宮寺に示される神仏習合は、のちには伊勢神宮にも及ぶほどの広がりをもち、神も仏も信ずる日本人の信仰の特徴とさえなっていく。

朝廷と八幡神との関係でもっとも注目されるのが、盧舎那仏の造立事業に行き詰まった聖武が、この八幡宮に祈願したところ、八幡神が託宣して、天神地祇のあらゆる霊力を結集して大仏造顕を助成しようといった話であるが（天平勝宝元年十二月二十七日条）、こうした事情を考えると、盧舎那仏の完成を聖武が宇佐八幡宮に祈願したとしても、一向に不思議ではない。宇佐八幡宮が早くから神仏習合を進めていたからであり、大仏造立という大事業の成就を祈願する神は、仏法を崇める宇佐八幡をおいて他にはなかったのである。

以後、宇佐八幡神に対する聖武の崇敬は格段に増し、八幡宮も大仏造立事業に積極的に関わるようになる。

天平二十年（七四八）八月、八幡大神の祝部《はふり》（下級の神職）である大神宅女《おおみわのやかめ》（従八位上）と大神杜女《もりめ》（従八位上）が、いずれも一挙に外従五位下に昇叙されたのも、翌天平勝宝元年十一月、杜女（時に八幡宮の禰宜《ねぎ》。これ以前に祝部から禰宜に任命されていたのであろう）と主神《かんづかさ》大神田麻呂に大神朝臣が賜姓されているのも、むろん大仏造立への協力に対する報謝である。八幡宮の神官の役割の大きさが知られるが、いずれも大神氏であり、しかも女性が主であったことにも留意される。ただし宅女については、その後いっさい名が見えないことから、間もなく没したものと思われる。

なおこの間、大仏の造顕が終了した（天平勝宝元年十月二十四日）際には、勅使を派遣して八幡大神を勧請し、東大寺の鎮守としている（『東大寺要録』）。手向山《たむけやま》八幡宮がこれで、八幡神が中央で活躍する拠点となった。八幡神が積極的に平城の都に乗り出していった様子がうかがわれよう。

八幡神の上京

そうした中で驚くべき出来事が持ち上がった。天平勝宝元年（七四九）十一月、宇佐八幡から託宣があり、八幡大神みずからが上京し、東大寺に参拝して盧舎那仏と対面するというのである。神々を勧請するということはあるが、このように神自身が上京するというのは、他に先例がない。

朝廷ではさっそく迎神使を任命し、路次の国々からは兵士一〇〇人以上を徴発して、前後を警備させている。また、平城京への道中、八幡神が通過する国々では殺生を禁断し、入京に従う人びとの食事にも酒・獣肉を用いないという気の使いようであった。

八幡神が平城京に入ったのは十二月十八日であるが、その八幡神のために平城宮の南、梨原《なしはら》宮に新殿を造って神宮とし、僧四〇人を請じて七日間悔過《けか》させている。殺生禁断といい、神宮での読経といい、八幡神はまさしく神仏習合の神として迎えられたのである。

それから九日後の十二月二十七日、いよいよ八幡神が東大寺に参拝することになった。八幡大神とはいうが、杜女《もりめ》自身が八幡神の憑坐《よりまし》（八幡神が乗り移ったもの）であり、八幡神と杜女とは一体の存在で、実際には禰宜尼《ねぎに》大神杜女その人が八幡神として盧舎那仏と対面したのである。『続日本紀』には、その時杜女の乗った輿は天皇の乗輿と同じ紫色であったと記している。

この日聖武太上天皇（聖武は七四九年、娘の孝謙天皇に譲位していた）は、孝謙天皇・光明皇太后とともに東大寺に赴き、百官や諸氏の者たちもすべて参集したという。折から東大寺に招請された五〇〇〇人の僧侶の礼仏読経の声が響きわたるなか、八幡神（＝杜女）が盧舎那仏と対面する。その間にも大唐・渤海・呉のそれぞれの音楽が奏され、五節の田舞、久米舞が舞われているという盛儀であった。

終わって八幡神に一品《ほん》、比売神には二品が奉叙されている。贈られたのが皇親に与えられる「品位」であったところに、八幡神が他の神（与えられるのは「位階」だった）とは別格扱いであったことを示している。八幡神が国家神に匹敵する地位を与えられた証左といってよい。

大役を果たした禰宜尼（八幡神に仕える禰宜であるとともに、仏＝神宮寺にも奉仕する尼僧）の杜女に従四位下、同じく宇佐八幡宮の主神である大神田麻呂にも外従五位下が与えられた。

こうして八幡神は大仏造顕を通して中央に躍り出た。翌天平勝宝二年二月には比売神と合わせて一四〇〇戸の神封が充てられている。これは伊勢神宮の神封（平安初期で一一三〇戸）を越えるもので、その崇敬ぶりが知られる。八幡神は国中の諸神を率いて大仏造立事業を成就し、その大仏と対面を果たしたことで天神地祇の頂点に立ったのである。

仲麻呂の異母弟、乙麻呂

八幡神の上京から一年経った天平勝宝二年（七五〇）十月一日、今度は八幡宮から「神教」が下った。正五位上藤原乙麻呂《ふじわらのおとまろ》なる人物を従三位に叙し、官職も大宰少弐《だざいのしょうに》から大宰帥《そち》に任ぜよと。

乙麻呂は南家武智麻呂の四男、仲麻呂の異母弟である。正五位上への叙位は前年十一月であったが、政府はこの神教を受け入れ、これによって乙麻呂は一挙に五階級特進して公卿となった。それだけではない。大宰少弐になったのはこの年の三月であるから、七ヵ月でさらに昇任し大宰府のトップになったことになる。異例の昇進といってよい。

それにしても一介の地方神である宇佐宮に、どうしてこのような昇任昇叙の要請ができたのであろうか。真相は分からないが、当事者である乙麻呂の異母兄仲麻呂—当時、孝謙天皇の下で大納言紫微《しび》令《れい》（紫微中台の長官）として権勢の中枢にあった—への迎合としか考えられない。後年の道鏡事件が連想されるが、わたくしには、こうした八幡神の動きに道鏡事件の萌芽がすでに存在していたように思われる。

しかし八幡宮について、道鏡事件以前の出来事としてそれ以上に留意されるのが、乙麻呂昇叙の四年後、天平勝宝六年（七五四）十一月二十四日に明るみに出た次のような事件である（『続日本紀』）。

薬師寺の僧行信《ぎょうしん》と、八幡神宮の主神大神多麻呂らと、意を同じくして厭魅す。所司に下して推《お》し勘《かんが》へしむるに、罪遠流に合《かな》へり。是に中納言多治比真人広足を遣して、薬師寺に就きて詔を宣らしめ、行信を下野薬師寺に配す。

八幡神入京に大役を果たした大神多（田）麻呂らが、薬師寺僧行信と共謀して厭魅（呪詛）を行い、行信は下野国薬師寺に左遷されたというのである。

ここには禰宜尼杜女の名は見えないが、三日後の二十七日、田麻呂と杜女の二人がその廉《かど》によって位階・姓をことごとく剥奪され、杜女は日向に、田麻呂は種褹島《たねがしま》（復位の詔では日向とある）に配流された上、封戸や位田も没収（それらは大宰府の管理下におかれた）されているから、杜女も一枚嚙んでいたことがわかる。嚙んでいたどころか、のち田麻呂が許され復位された時、「毛理売《もりめ》が詐覚《いつわりあらわ》るるに及びて、倶《とも》に日向に遷さる」（杜女の詐りが発覚するにおよんで、ともに日向に流された）とあるから、杜女の方が主犯だったようで（天平神護二年十月二日条）、事件はその杜女が行信と企んだものであったとみてよい。

開眼会からはずされた行信と八幡神

ここに見える行信とは、法隆寺東院伽藍の建立に尽力した大僧都行信と同一人物とみてよいであろう。法隆寺に住し、法隆寺・元興寺・大安寺などの縁起も作成したことで知られる。

行信は法相宗《ほっそうしゅう》を修め、天平十年（七三八）閏七月律師に任ぜられ、同十九年十月の写章疏目録（正倉院文書所収）の奥書に「大僧都行信」との署名が見えるので、これ以前、大僧都に昇進していたと思われる。「大僧都行信」の署名は、天平感宝元年（七四九）閏五月二十日付けの聖武天皇勅書にも、

23―行　信　像

時の左大臣橘諸兄・右大臣藤原豊成の署名とともにみえ、当時、行信が僧綱のトップとして仏教推進の指導的立場にあったことは間違いない。

行信の僧綱における立場の重さは、先の左遷の詔を伝える使者として中納言多治比真人広足が遣わされていることからもうかがえる。その行信が誰を厭魅したのか、具体的には分からないが、処罰の大きさからも重要人物であったことは確かと思われる。

それにしても、僧侶である行信が八幡宮の禰宜尼杜女と結託して厭魅するとは、よほどの怨みがあったとしか思えない。行信に、いったい何があったのか。

これに関連することとして気になるのが、東大寺大仏開眼会の前年に行われた僧綱の人事である。『続日本紀』によれば天平勝宝三年（七五一）四月、聖武の詔によって婆羅門《ばらもん》（インド）僧菩提《ぼだい》が僧正に補任され、大僧都行信の上位に据えられている。そして行信の下位には、新たに良弁が少僧都、唐僧道璿《どうせん》と隆尊《りゅうそん》が律師に任じられている。

知られるように菩提も道璿も、天平八年（七三六）に渡来した僧侶で、大仏開眼会では菩提が衰弱した聖武の代わりに請われて開眼師となり、道璿は呪願をつとめている。良弁は以前述べたように、東大寺の造営や盧舎那仏造立に深く関わった人物で、開眼会（天平勝宝四年四月）を終えた翌五月、初代の東大寺別当に補任されている。隆尊は開眼会の華厳講師をつとめた僧侶である（『東大寺要録』二）。してみれば菩提らの補任が、翌天平勝宝四年の開眼会を見越して行われた新たな僧綱人事であったことは明らかである。

この人事について飯沼賢司氏は、それまで僧綱のトップとして事実上聖武の仏教政策を推進してきた大僧都行信は、窮地に追い詰められたと推察されている（飯沼賢司『八幡神とはなにか』）。窮地に追い込まれるほどの苦境に立たされたかどうか、確証があるわけではないが、わたくしが留意したいのは、開眼会に行信の名が見えないことである。少なくとも行信が大僧都の立場から大仏開眼会に関わった形跡はまったくない。

これは、行信自らが何らかの理由で関わることができなかったというのではなく、開眼会の事実上の推進者であった仲麻呂によって、意図的に排除されたものとわたくしは考えている。開眼会後の報賞に行信の名がないのも、そのことを物語っているように思う。

しかも腑に落ちないのは、あれほど大仏造顕に貢献した八幡神が、肝心の開眼供養（天平勝宝四年）前後にまったく登場しないことである。ただしこれは八幡神だけでなく、伊勢神宮も含めて神社関係の記事がいっさい見当たらないから、神仏習合とはいうものの、やはり寺院の法要に神祇の関わりが憚られ、開眼会に招かれなかったということなのかもしれない。むろん、仲麻呂の意向によるものであろうが、仲麻呂にしてみれば、大仏造顕を通して頂点に立った八幡神（事実上は杜女と田麻呂）が宗教界の主導権を握ることに不安を覚え、警戒しての措置であったのかもしれない。

こうして大仏開眼会から除外された行信と杜女が組み、仲麻呂（やその一族）を厭魅したものと考える。

ちなみに共謀者の田麻呂は天平神護二年（七六六）十月、仲麻呂の誅殺後許され復位するが、行信も杜女も許されたという記載はなく、この二人はすでにこれ以前に死亡していたものと思われる。権力という魔物に取り憑かれ、生涯を弄ばれた哀れな二人であった。

この事件については関係史料が他に見当たらず、真相は不明であるが、中央進出におごった杜女らが行信と組んで政治に介入したことを思わせるに十分である。

封戸と位田の返上

しかし注目されるのは、この事件をめぐる宇佐八幡宮の対応である。事件の翌天平勝宝七歳（七五五）三月、八幡神は次のような託宣を下している。

神吾《かみわれ》神命を矯《いつわ》り託《つ》ぐることを願はず。封千四百戸、田百四十町を請ひ取り、徒《いたずら》に用ゐる所無《な》く、山野に捨つるが如し。朝廷に返し奉る。唯常の神田を留むるのみ。

神である吾は、偽りの託宣を下すことは望まない、先に奉納され受け取った封戸田地ではあるが、用いることもなく捨てたも同然の状態である、だから朝廷にお返しする、ただし他の神社と同様、通常の神田だけを保有したい、というもので、厭魅事件に対する謝罪から、自粛しての返上であったことは明らかである。

八幡神が返上を申し出たうち封一四〇〇戸とは、盧舎那仏との対面が実現した翌年（天平勝宝二年）、比売神と合わせて奉納されたもので、それは前年（天平勝宝元年）十二月、大神杜女、大神田麻呂らの働きで上京した八幡神に奉られた大神《おおかみ》一品（八〇〇戸）と比売神二品（六〇〇戸）の品階に応ずる額であった。したがってそれをそっくり返上するというのは、八幡宮側が、杜女の上京も厭魅事件も与り知らぬものと表明したことを意味している。

宇佐を離れた八幡神

この事件をめぐる宇佐宮の対応で、もう一つ興味深いことがある。事件後、八幡神が下した託宣である。

『八幡宇佐宮御託宣集』に、大神杜女と大神田麻呂によって国司殿（社殿）が汚されたとして、「汝らが穢れ過有り。神である吾れ、今よりは帰らざりし」と言い放って八幡神は宇佐の地を離れ、四国の伊予宇和嶺に渉り、移坐すると見える。八幡神はその後一二年間、宇佐に帰らず、その間、託宣は宇和嶺から飛来したとも記している。封戸を返上するだけでは、杜女や厭魅事件との関係を断ち切ることはできない、八幡神の遷坐（いわば神自身の配流）もやむなし、というのが八幡宮側の判断であった。杜女らが厭魅したのはそれほどの重要人物であったことを物語る。それは仲麻呂以外には考えられないが、八幡神は、そうした一切の禍根を絶つために、自らが宇佐の地を離れたのである。

ただし、これは八幡神が自ら下した判断というよりは、宇佐の地に残った比売神による粛正であったとみるべきであろう。

そもそも宇佐宮（八幡宮）は、八幡大神と比売大神とを祭神とするが、このうち八幡神が早くから大神氏と結びついたのに対して、比売神は宇佐氏・辛嶋《からしま》氏と深い関係を持ち、八幡宮内におけるかれら神職集団の思惑や行動は、必ずしも一致していたわけではない。盧舎那仏との対面をはじめ、これまで朝廷と関わった杜女・田麻呂らはいずれも大神氏であった。そうした杜女らの行動や今回の厭魅事件に、八幡宮の神職集団たちがどの程度関わったかは不詳であるが、杜女ら一部神官（大神氏）の突出したパフォーマンスであったのかも知れない。

事件後、大神氏の杜女と田麻呂に代わって、宇佐氏や辛嶋氏からそれぞれ禰宜・祝が補任されているのは、たんなる処罰という以上の宇佐宮（八幡宮）での神官氏族間の紛争、勢力交替があったことを暗示する。八幡宮の祭神として比売神が生き残るためには、大神氏（杜女や田麻呂）との関係を断つ以外に取るべき道はなかったろう。それが八幡神を遷座させることであり、比売神が下した結論であった。

杜女らの働きかけによって、八幡宮が東大寺の鎮守神（手向山八幡宮）となったことは事実であるが、すみやかに二人（大神氏）を切り捨て、禍根を絶つことで八幡宮はその地位を保持したのである。八幡宮については封戸を返上した翌年の天平勝宝八歳（七五六）四月、聖武が危篤に陥った時、延命を祈るために「幣帛を八幡大神宮」に奉納したと見えるのを最後に、しばらくの間、影をひそめてしまう。事実、が正史に名が記されることはない。八幡宮に言わせれば、その間、八幡大神は宇佐の地を離れ、四国に遷坐していたといい、残された比売神は宇佐の地で息を潜めていたのである。

宇佐宮での勢力交替

八幡宮の名が再び正史に見えるのは仲麻呂に代わって道鏡が権勢を握ってからである。『続日本紀』には天平宝字八年（七六四）九月、仲麻呂が誅殺され、孝謙から乱の終結を布告する勅が下されたあと、「八幡大神（八幡宮）」に封二五戸が施入されたとある。かつて聖武天皇が、広嗣の乱の平定の報謝として二〇戸を献納しており、このたびの施入も仲麻呂誅滅に対する報賽とみてよいであろう。八幡宮にとっては、封戸返上後初めての施入であるが、いわゆる八幡神は四国に遷座中であり、施入された「八幡大神」とは八幡宮の比売神に他ならない。封戸は事実上、比売神に奉納されたものであった。

そしてこれ以後急速に、朝廷に対する比売神の働きかけが活発になる。道鏡が太政大臣禅師に任命された翌年（天平神護二年）四月、比売神に封六〇〇戸が献納されている。これはかつて朝廷に返上した封戸（六〇〇戸）を復活したものであり、それは「神願なるを以てなり」というから、比売神からのたっての願いによって復活奉納されたことが知られる。さらに翌神護景雲元年（七六七）九月には、四年以内に完成させるという条件つきで、比売神の神宮寺を造営することが命じられている。ただし造営に従事させる役夫（人夫）は比売神と神宮寺の封戸の民を使役徴発せよというから、先の封戸の復活は、新たな神宮寺の造営を見越してなされたものであったのかも知れない。

しかし、これまで述べてきたように、宇佐八幡宮の境内には、以前からすでに神宮寺が存在していた。弥勒寺がそれで、広嗣の乱の報賽にみられた寺院関係の施入物も、禰宜大神杜女が尼僧として奉仕した寺院も、名はみえないものの、すべてこの弥勒寺のことであったと考えてよい（中野幡能『宇佐宮』）。比売神の神宮寺造営に徴発される人夫を負担する神宮寺というのは、むろんこの弥勒寺のことである。

弥勒寺は八幡宮の神宮寺として、ある意味では八幡宮と一体化して行動し、成長してきた。ただし、先の厭魅事件で八幡宮が封戸・田地の返却を申し出た際、政府はそれを認め厳しく対処したが、弥勒寺だけは「造神宮寺領」として従来通りの封戸・田地を認め、これを弥勒寺整備に充てるように命じている。八幡宮における弥勒寺の立場の重さを物語るものであるが、そうした弥勒寺が存在しながら、別個に比売神の神宮寺を造営しようとするところに、宇佐氏・辛嶋氏の思惑が見え隠れする。

実は宇佐八幡宮は、他の神社とは性格を異にし、それが特徴にもなっているという（中野幡能、前掲書）。そういえば不思議なことだが、八幡大神と比売大神を祭神とする宇佐八幡宮では、つねにこの二神が別々に品位を受け、神領についても個々に受領している。内宮と外宮をもつ伊勢神宮でさえ、別々に受領するということは一度もない。

神宮寺についても、伊勢神宮にせよ、宇佐八幡宮にせよ、一社に一寺が原則であり、通例だった。

繰り返し述べたように、八幡宮の場合、それが弥勒寺だったのである。ただし、八幡宮では事実上、大神氏が中枢を握っていた関係から、弥勒寺がいわば八幡神（大神氏）の神宮寺として機能していたことも確かである。したがって、境内に比売神の神宮寺を造営するというのは異例ではあるが、大神氏にとって代わろうとする宇佐氏らにすれば、自らの立場を表明するまたとないチャンスだったのである。

大神氏の勢力失墜を好機とみた宇佐氏らは、比売神独自の神宮寺を設け、八幡宮内における主導権を握ろうとしたことは間違いない。比売神が封戸の復活を申し出たのもそのためであった。

そうした比売神の動きについて、見逃していけないことがある。一つは、それが道鏡の昇任と連動していることである。封戸の復活を願い出たのは、道鏡が太政大臣禅師に任命された翌年であり、比売神宮寺の造営許可も法王となった翌年に実現したもので、明らかに比売神と道鏡との結びつきを思わせる。かつて大神氏が、権勢の中枢にあった仲麻呂に迎合しようとしたように、宇佐氏らは宗教界のトップに立った道鏡に取り入ることで勢力伸長をはかろうとしたことは、まず間違いない。

もう一つは、比売神の封戸復活の二ヵ月後、正六位上習宜阿曾麻呂《すげのあそまろ》が従五位下に昇叙されていることである。のちの神託事件において、八幡宮の託宣を都にいる称徳女帝に届けた人物である。阿曾麻呂が昇叙された理由は明らかではないが、時期から判断して、比売神の封戸復活と無関係であったとは思えず、わたくしは、それに関わっての昇叙であったと考える。この阿曾麻呂という人物、実は道鏡と近い関係にあった。これについては後述することにして、ここでは二人が密な間柄にあったことを記憶するにとどめたい。

神託事件のお膳立て

それはともかく、この時期、比売神の動きが活発化したのには、理由があった。天平神護元年（七六五）、神宮寺造営の命が出される二年前のこと、宇佐の地に八幡神が戻ってきたのである。『承和縁起』には、宇佐に参宮した大宰大弐《だざいのだいに》石川豊成《いしかわのとよなり》に託宣が下り、宇佐公池守を造押領使として八幡宮を造営し八幡神を遷座したとある。ただし旧社殿は破却されていたことから、旧地（小倉山）ではなく、境内東方の大尾山上に新社を造営し、そこに鎮座したという（飯沼賢司、前掲書）。八幡神が宇佐に戻り、ここに至って八幡宮は旧の姿に復したのである。それだけではない、翌年（天平神護二年）十月には、厭魅事件で種樹島に流罪になっていた田麻呂が、理由は明らかでないが復位（外従五位下）され、大神朝臣の姓に復した上、豊後員外掾《いんがいのじょう》に任命されている。

八幡神の還御、ついで田麻呂の復位という慌ただしい動きは、比売神を奉斎する宇佐氏らにとって脅威であり、危機意識を募らせたことはいうまでもない。こうしたことを考えると、比売神の神宮寺造営が、八幡神還御に対応しての措置であったことは明白である。神宮寺は宇佐・辛嶋ら一族の結束を固めるシンボルであり、その造営は一族の命運をかけた一大事業であった。道鏡に接近していた宇佐氏らが、以前にもまして積極的に働きかけるようになっていった理由である。

神託事件のお膳立ては整えられた。

3　道鏡が見た夢

道鏡を皇位に

神託事件がおこったのは道鏡が法王となって三年目、神護景雲三年（七六九）のこと、道鏡を皇位につけよとの託宣が宇佐宮からもたらされたのである。

まず、『続日本紀』（同年九月二十五日条）に記された事件の経緯を整理しておきたい。

発端は、大宰府の主神習宜阿曾麻呂なる人物が道鏡に媚びへつらい、宇佐八幡の神託と称して、「道鏡を皇位に即かしめば天下太平ならむ」と奏上したことにある。これを聞いた道鏡は大層喜んだ。

いっぽう称徳は和気清麻呂《わけのきよまろ》を召し、命じて言うには、昨夜私の夢に八幡大神の使が現れ、大神が申しあげたいことがあるので尼法均《ほうきん》（広虫《ひろむし》）を寄こしてほしいという。しかし、女性の身で九州（宇佐八幡宮）までの遠路は大変なので、弟のお前が代わりに行って神教を聞いてまいれ、と。

清麻呂の出発にあたって道鏡は、大神が使者の派遣を請うのは、恐らく自分の即位を告げるためであろう。うまくいけば、お前に高い官位を与えて取り立ててやろう、と言った。

清麻呂が宇佐神宮に行き、そこで聞いた託宣は、「我が国家開闢《かいびゃく》以来、君臣定まりぬ。臣を以て君とすることは、未だ有らず。天の日嗣《ひつぎ》は必ず皇緒を立てよ。无道《むどう》の人は早に掃ひ除くべし」（わが国

24―和気清麻呂像

が始まって以来、君臣の区別は定まっている。臣下が天皇になったことはいまだかってない。皇嗣には必ず皇族を立てよ、無道の人は早く排除せよ）というものであった。

宇佐から帰ってきた清麻呂は、称徳に対して神教をそのまま奏上したところ、これを聞いた道鏡は大変怒って、清麻呂を因幡員外介とし、まだ任所にゆかない前に、称徳の詔があって、除名した上で大隅国に配流となった。また姉法均も還俗させて備後国に流した（なお『続日本紀』には、右の記事の前に、事件に関する長文の称徳の詔を収めているが、これについては後述する）。

以上が、『続日本紀』に記す宇佐八幡宮託宣事件の顚末であるが、『続日本紀』では称徳没後、道鏡左遷を命じた皇太子白壁王（後の光仁天皇）の令旨《りょうじ》（①）ならびに道鏡の死を伝える記事（②）のなかにも、事件について次のように記している。

①皇太子の令旨には、道鏡法師は窃《ひそ》かに皇位を狙っており、その野望は随分以前から抱いていたものである。しかし（称徳女帝が亡くなり）その山陵の土がまだ乾かないうちに、陰謀が発覚した（宝亀元年八月二十一日条）。

②道鏡の死を伝える記事のなかでは、大宰府の主神習宣阿曾麻呂が偽って八幡神の教示と称して、道鏡を誑《たぶら》かした。ところが道鏡はこれを信じて、皇位を望む志を抱いた。この経緯は高野天皇（称徳天皇）紀に記されている（同三年四月六日条）。

留意されるのは、後者（②）において、偽の託宣をもたらしたのは習宣阿曾麻呂であって、道鏡は阿曾麻呂に誑かされたと記していることで、これにしたがえば事件の首謀者は阿曾麻呂であり、道鏡は偽の託宣と知らずに皇位への野望を燃やしたということになる。道鏡を事件の張本人と断定する前者の令旨（①）とは対照的であるが、けだし前者（①）が、道鏡の罪を明らかにし下野国への左遷を命じたものであるから、厳しく断罪するのは、当然である。とはいえ、道鏡をめぐる解釈が異なっているのは、見捨てられないところではある。

清麻呂薨伝と神託事件

神託事件については、『日本後紀《にほんこうき》』に収める清麻呂の薨伝（延暦十八年二月二十一日条）にも記載がある。習宣阿曾麻呂がもたらした偽りの神託に道鏡が喜び、託宣の真偽を確かめるために称徳が法均に代わって清麻呂を派遣したことなど、大筋において違いはないが、『続日本紀』には見えない記載もある。ここでは要点を五つに分けて、大意を述べておく。

（1）清麻呂が宇佐へ出発する以前、道鏡の師である路真人豊永《みちのまひととよなが》は清麻呂に向かい、道鏡が皇位につくようなことがあれば、何の面目があって臣下として仕えられようか。私は二、三人の仲間とともに現代の伯夷《はくい》になるのみだ、と語っていた。清麻呂はその言葉を当然だと思い、命を捧げる覚悟で宇佐に詣でた。

（2）宇佐神宮に入った清麻呂が八幡神に対して、託宣は信じ難く、神の意志を示せと言ったところ、忽然と神が姿を現した。大きさは三丈余り、満月のような形であった。清麻呂は狼狽し、仰ぎ見ることができなかったが、神は、「わが国では君臣の身分が定まっている。にもかかわらず、道鏡は皇位に即こうとの野望を抱いている。そのため神霊は激怒し、皇位に即くようなことはさせない。汝は帰京して、私の言った通りを天皇へ奏上せよ。天皇は必ず皇族を立てよ。汝は道鏡の怨みを恐れてはいけない。私が必ず助けるであろう」と託宣した。

（3）称徳天皇は、神の教示のままに奏上した清麻呂を処刑する気持ちにはならず、因幡員外介とし、姓名を別部穢麻呂《わけべのきたなまろ》と変えて大隅国へ配流した。尼法均は還俗させて別部狭虫《さむし》と改名し、備後国へ配流した。

（4）道鏡は流罪地へ向かう清麻呂を追って、殺害しようとしたが、急に勅使がやって来たので清麻呂はかろうじて難を逃れた。

（5）この時参議右大弁藤原百川《ももかわ》が清麻呂の「忠烈（熱烈な忠義）」を憐れんで、備後国の封二〇戸を配所に送り届けたという。

なお、『類聚国史』（巻百八十、天長元年九月二十七日条）にも、神託事件について清麻呂の息子、和気真綱《まつな》・仲世《なかよ》兄弟らが語ったとされる話を収めている。これまで述べた『続日本紀』などの内容と大きく異なる記載があるわけではないが、事件の張本人は道鏡であり、邪心を抱いて法王となった道鏡が、ついには天皇となる野望を抱いたとして、道鏡が悪人に仕立てられているのが目に付く。清麻呂の息子たちが語ったという記事の性格上、けだし当然である。

ちなみに八世紀末、薬師寺の僧侶であった景戒《けいかい》が編纂した『日本霊異記《にほんりょういき》』(「災と善との表相先ず現れて、後に其の災と善との答を被る縁」)では、女帝称徳と道鏡との間に男女関係があったとし、それが道鏡政権を生み出したと述べている。

以上が、史料にみえる宇佐八幡宮託宣事件についてのすべてである。事件が様々な形で伝えられていることが知られよう。

しかし、繰り返すことになるが、首謀者をだれとみるかの違いを除けば、内容に大差はない。そうした中で、あらためて読み直してみて気づいたことがある。『続日本紀』だけにしか見えない文言があることを、これまで見落としていたのである。不思議なことに、従来も指摘されることはほとんどなかった。しかし、その文言こそ、事件解明のキーワードとなるように、わたくしには思われるが、あえて今はそれを明かさずに、本論に入りたい。

真相は何か

この事件については従来、以下のような見方があった。

① 道鏡自身がひそかに皇位への野心を抱いたとする道鏡の皇位覬覦《きゆ》説

② 道鏡擁立は称徳天皇が進めたもので、道鏡はそれに従ったにすぎないとみる説

③　称徳天皇と道鏡が一体となって道鏡即位を企てたとみる説
これらとは別に、
④　藤原氏が道鏡を失脚させるために清麻呂らを使って企てたものとする説
また、
⑤　神託事件そのものを否定する説
もある。桓武天皇の命をうけた『続日本紀』の編者が、桓武朝を正当化する必要から事件を捏造したもので、神託事件はなかったというのであるが（中西康裕「『続日本紀』と道鏡事件」『日本史研究』三六九）、神託事件（事の真相はともかく）がまったくの作り話とは、とても思えない。

真相は何か、それを突き止めるには、この事件を先入観にとらわれずに検討し、判断する以外に手はないであろう。

託宣はいつ届けられたのか

まず知りたいのは、習宜阿曾麻呂によっていつ八幡宮の神託が称徳に奏上されたのか、その時期であるが、これは清麻呂が宇佐へ出発し、都（平城京）へ戻った時期とともに明確ではない。ただし手がかりがないわけではない。

阿曾麻呂からの託宣奏上の時期に関わりがあるとみられるのが、これ以前、清麻呂に対してなされた一連の処遇である。『続日本紀』によれば、
（1）この年（神護景雲三年）五月二十八日、当時「吉備藤野和気真人」の姓を称していた清麻呂

に、「輔治能《ふじの》真人」が与えられている。「藤野」をもじったもので、政治を輔《たす》ける能力をもった者との意であり、これには清麻呂でなくとも感激したであろう。

（2）同じ日、一族の外従八位上吉備藤野宿禰子麻呂ら一二人には輔治能宿禰、また同じく一族の近衛無位吉備石成別《いわなすのわけ》宿禰国守ら九人には石成宿禰の姓が与えられている。

（3）こえて六月二十六日、備前国藤野郡の人別部《わけべ》大原ら六四人に姓石生別公《いわおわけのきみ》、藤野郡の人母止理《もとり》部《べ》の奈波《なは》ら六人には姓石野《いわの》を与えている。いずれも和気《わけ》氏の隷属民であったと考えられる人々である。

（4）翌二十七日、同様に美作・備前両国の隷属民にも石野連を賜姓している。

（5）二日後二十九日、清麻呂の出身地である備前国藤野郡が和気郡に改められている。

こうした一連の厚遇は、ただ事ではない。まして時に従五位下という一下級貴族にすぎない清麻呂への処遇であったとなれば、度が過ぎているといわねばならない。しかもそれらは、五月から六月にかけて矢継ぎばやに行われている。これは、阿曾麻呂からの奏上を得たのがきっかけで、清麻呂の宇佐発遣を見越しての意図的な扱い、すなわち清麻呂懐柔策であったとしか考えようがない。また、これだけのことが行えたのは称徳以外には考えられないであろう。道鏡ではない。

このようにみてくると、そもそも事件の発端となった託宣の奏上は五月初旬、場合によってはそれ以前であったと考えてよいのではなかろうか。

いっぽう、清麻呂が宇佐に出立した時期であるが、清麻呂が因幡員外介に貶されたのが八月十九日であるから（『続日本紀』）、称徳に問題の託宣を報告したのは遅くとも八月上旬のことであろう。そこから逆算して、一連の経緯について見当をつけてみる。

平安初期に完成された『延喜式』（主税式）の規定では、平安京から宇佐八幡宮のある豊前国までの往復日数は、大宰府を経由すると陸路の場合は四四日（大宰府まで往きは二七日、帰りは一四日。大宰府から豊前国までは往きは二日、帰りは一日）、海路で三〇日かかる。出発点が平城京と平安京の違いはあるが、この数字に大きな変化はなかったろう。ただしこれは租税の運搬に要する日数であるから、清麻呂の場合、もっと短期間であったはずだ。

清麻呂の出立時期

清麻呂が陸路・海路いずれのコースをとったかは明らかでないが、宇佐神宮での滞在期間なども考慮にいれると、最大限見積もっても一ヵ月あれば帰ってくることができよう。そして帰京後、ただちに称徳に報告したはずであるから、出発は七月上旬ということになる。とすれば、阿曾麻呂からの託宣が届いた五月上旬から清麻呂が使者として宇佐に下向する七月上旬まで、最低でも二ヵ月は経過していることになる。

この間、さまざまな思惑が交錯したとみられるが、それにしても二ヵ月の空白というのは長すぎるのではなかろうか。しかし、問題の解決にはそれだけの時間が必要であったのだ。その意味は、のちに明らかとなろう。

八幡宮の神託は、これまで神職以外の人物を介して奏上されるということが一度もなかった。それが、わざわざ習宜阿曾麻呂を通して称徳のもとにもたらされているところに、一種の怪しさを感じるからである。それは宇佐宮（八幡宮）内での神官をめぐる主導権争いと無関係でないように、わたくしには思われる。

辛嶋与曾女

次の問題は、この託宣に関わった人物が誰かということであるが、その前に、八幡宮の神託が習宜阿曾麻呂を介して奏上されていることについて述べておかねばなるまい。

繰り返すことになるが、厭魅事件によって杜女・田麻呂ら大神氏が失脚したあと、勢力を伸張させたのが宇佐氏と辛嶋氏である。『託宣集』（威）によると厭魅事件の翌天平勝宝七年（七五五）、一族の辛嶋勝久須売《からしまのすぐりくすめ》が杜女に代わって禰宜に任じられている。

ただしこの久須売は八年間の在任中、一度も託宣を聞くことがなかったとの理由で天平宝字七年（七六三）に解任され、後任に辛嶋勝与曾女《よそめ》（辛嶋勝志奈布女とも）があてられている（また『東大寺要録』に引用する官符には、宇佐公池守が神宮司に任命されたとある）。八幡神（大神氏）が宇佐に戻ってくる二年前である。したがって久須売が託宣を聞かなかったというのは、ちょうど八幡神が宇佐の地を離れていた時期のことで、その間、宇佐に残された比売神（＝久須売）が一度も託宣を下さなかったというのである。この事実が比売神ならびに比売神を奉斎する宇佐・辛嶋両氏の権威を失墜させ、地位の低下をもたらすことはいうまでもない。

こうしたことから判断すると、この時期、宇佐・辛嶋の両氏は、おそらく八幡神（大神氏）が復活する兆しを見て取り、脅威と不安に取り憑かれていたのではなかろうか。そこで、託宣が下らなかった責任を久須売ひとりに転嫁し、解任することで、比売神すなわち神官（宇佐・辛嶋両氏）側に落度がなかったことを表明し、身の潔白を訴えたものと思われる。

案の定、宇佐・辛嶋の両氏の危惧は、的中した。八幡神が宇佐に戻った翌年、天平神護二年（七六六）十月、厭魅事件によって種褹島（日向とも）に配流されていた田麻呂が許され、外従五位下ならびに大神朝臣の姓に復されたうえ豊後員外掾に任命されている。杜女については前述した通り、復位のことが見えないから、これ以前に配流地で没したものとみてよいであろう。田麻呂ら大神氏が主導権を取り戻すのは、時間の問題であり、何としても比売神の託宣を聞かなければ宇佐・辛嶋の両氏は面目が立たなくなったのである。その役割を負わされたのが、代わって任命された与曾女である。

こうして託宣を聞く準備はできた。しかし、比売神が下す託宣がありきたりのものであっては意味がない。大神氏の復活を阻止するには、女帝称徳や法王道鏡を歓喜させ、びっくり仰天するほどの託宣が必要であった。それは道鏡を天皇につけること以外に有り得ない。そこで問題の託宣が捏造された、というのがわたくしの考えである。

果して、この託宣ほど二人が心を惑乱させたものはなかったろう。

いっぽうの比売神についても、驚天動地の託宣を下すことに多少の躊躇はあったろう。しかし、託宣という人智を超える宝刀を持ち出せば、すべてがまかり通ると判断したのに違いない。ただ宇佐・辛嶋の両氏側にとって問題であったのは、これまで、辛嶋氏（与曾女）が朝廷に託宣を下した例がなかったことである。しかも、その託宣が衝撃的なものであったことから、朝廷との直截な接触を避け、阿曾麻呂を介して奏上されるという筋書きが描かれたものと思う。

阿曾麻呂という人物、実は八幡神と深い関わりがあるだけでなく、朝廷との間にも太いパイプを持っていた。

習宜阿曾麻呂とは

習宜阿曾麻呂（正式には中臣習宜朝臣阿曾麻呂）の経歴は明らかでないが、神託事件の二年前、神護景雲元年（七六七）九月、時に従五位下であった阿曾麻呂は豊前介に任じられ、翌二年から三年頃に大宰主神となって豊前国から移っていたと思われる。大宰主神とは大宰府管内の祭祀を掌った、いわば大宰府の神祇官である。習宜一族がその氏名に中臣を冠していることから判断すると、神事に従事することを代々の職掌としてきたものと思われ、阿曾麻呂が大宰主神となったのもそうした一族の伝統によるものと考えてよいであろう。

以前、わたくしは阿曾麻呂と比売神との関わりを示唆したことがある。天平神護二年（七六六）六月、阿曾麻呂が従五位下（時に正六位上）に昇叙された時、それが比売神の封戸復活の二ヵ月後であったことから、昇叙が封戸復活に関わってのものと推測した。以来、阿曾麻呂と比売神との間には深い絆が結ばれ、それは阿曾麻呂が豊前介（宇佐八幡宮は豊前国にある）となり、ついで大宰府主神となったことでより強固なものになったとみてよい。

しかし注意してみると、阿曾麻呂と八幡宮との関係はもっと以前に遡ることに気づく。武智麻呂の四男乙麻呂が「八幡大神の神教」によって異例の昇進を遂げたことがある。杜女・田麻呂らが厭魅事件を起こす前、すなわち大神氏が八幡宮での主導権を握っていた時代になるが、前述したように、神託によって乙麻呂はわずか半年で五階級昇叙されただけでなく、大宰少弐から帥に昇任している。当時孝謙天皇の下で大納言紫微令（紫微中台の長官）として権勢の中枢にあった異母兄仲麻呂への迎合であったことは確かと思われが、一介の地方神である宇佐宮にこのような昇任昇叙の要請をさせ、それを可能にしたのは、背後に画策する人物がいたとしか考えられない。それが、この阿曾麻呂ではなかったかと、わたくしは見る。

実は阿曾麻呂の一族である（中臣）習宜氏の本貫地（本籍）は、その氏族名からうかがえるように、大和国（添上郡習宜）といわれている。習宜は、仲麻呂の父である武智麻呂の山荘として知られる習宜別業が営まれた所であり、両氏族との間には武智麻呂時代から交流があったことを思わせる。そうしたことから推測ではあるが、藤原氏との縁故をテコに仲麻呂（家）との結びつきを強め、自身の昇進をはかろうとしていた阿曾麻呂が八幡宮に働きかけ、乙麻呂の昇進を実現したものではなかろうか。だとすれば、阿曾麻呂と豊前国の宇佐八幡宮との関係は仲麻呂時代から築かれていたとみられよう。

以前わたくしが、乙麻呂昇叙に、道鏡事件の萌芽が存在していたと書いたのは、この習宜阿曾麻呂の動きであった。乙麻呂昇叙の成功に味を占めた阿曾麻呂が、今度は道鏡を天皇につけるという大芝居を打って出たのである。神託捏造を持ちかけたのは、案外、この阿曾麻呂であったのかも知れない。

首謀者

神託事件に関連することとして、それ以上にわたくしが留意したいのは、この中臣習宜朝臣（養老三年に連姓から朝臣に賜姓されている）が物部氏の一族であるという点である。『新撰姓氏録』（右京神別）に、「中臣習宜朝臣、同じき神（饒速日命《にぎはやひのみこと》）の孫・味瓊杵田命《うましにぎたのみこと》の後也」と見え、したがって阿曾麻呂は、道鏡と関わりの深い物部氏（饒速日命の後裔）と同族ということになる。従来、ほとんど注目されることはなかったが、事件の真相を解明するうえでの鍵になるように思う。

実は阿曾麻呂が大宰主神となった時、道鏡の弟弓削浄人が大宰帥（長官）であった。浄人は時に大納言との兼任であったから、現地（大宰府）に下ったことはないと思うが、時に大宰主神であった阿曾麻呂が物部氏と同族であるという因縁から今度は浄人に近づき、浄人と謀って八幡宮神官に話しをもちかけ、神託事件のお膳立てをしたことは、まず間違いない。むろん阿曾麻呂が、仲麻呂に代わって権勢の座にあった道鏡に迎合するためであった。

八幡宮側でも厭魅事件以来、中央政府との接触復活の機会を望んでいたはずである。とくに大神氏の復活に危惧を抱き、中央指向の機会をうかがっていた宇佐・辛嶋の両氏（比売神）が、この話に乗る可能性は十分にあった。両氏にとっては一族の命運をかけての、またとないチャンスだったのである。

こうして阿曾麻呂を介して三者連合が形成され、託宣奏上が計画されたとみられるが、ここまでくると、阿曾麻呂が事件の張本人であったことは明らかであろう。道鏡が失脚した日（八月二十一日）に、阿曾麻呂が多褹島守に左遷されているのも、そうした推測を裏付けている。

ちなみに浄人が息子三人とともに土佐に配流されたのは、翌二十二日のことである。浄人にしてみれば、称徳に寵愛された兄道鏡の立場をより強めるために阿曾麻呂の企てに乗り、そのお膳立てをした事件といってよく、したがって事件に道鏡がまったく無関係であったとは思えないが、このようにみてくると、阿曾麻呂と浄人なかんずく阿曾麻呂が直接の首謀者であり、そこに八幡宮の主導権争いがからんで引き起こされた事件であったというのが、わたくしの理解である。

ともあれ、こうして都にもたらされた託宣が、おそらく法均を通じて称徳に奏上されたと思われる。法均は称徳の出家に従って尼となり、近侍した称徳の腹心であった。八幡神が寄こして欲しいと名指しした法均に代わり、清麻呂が使者に定められたのは、むろん法均の弟だったことによる。

4　託宣の虚実

これまで神託事件に関わりがあると思われる事柄について述べてきたが、一番知りたいのは事件の真相である。ここでは称徳・道鏡の考えを探り、二人の思惑が奈辺にあったかを明らかにしてみたい。

不可解なこと

話を清麻呂が持ち帰った託宣に戻すと、その内容と伝えられるのが次のものである（訳は前掲）。

大神託宣して曰はく、我が国家開闢以来、君臣定りぬ。臣を以て君とすることは、未だ有らず。天の日嗣は必ず皇緒を立てよ。無道の人は早に掃《はら》ひ除くべしとのたまふ。

ところがこれを聞いた称徳は大いに怒り、この託宣を虚偽と断じて法均・清麻呂姉弟を処罰している。清麻呂の持ち帰った託宣が、阿曾麻呂のもたらした託宣とは逆の内容―道鏡の即位を否定したものであったため、それを虚偽とみなし、期待を裏切ったとして姉弟を流罪に処したのだ、というのが、これについての一般的な理解であろう。したがってこのような見解に従えば、称徳・道鏡が期待し、正しいとしたのは、あくまでも阿曾麻呂の奏上であったことになる。

しかしそうであろうか。わたくしはこのような通説に根本的な疑問を抱いている。

というのは、通説に従えば、清麻呂がもたらした託宣を偽りとして退けた称徳の行為は、道鏡の即位こそが宇佐の神意にかなう正当な託宣であることを、天下に表明したのに等しい。言い換えれば、称徳は道鏡の即位を、恣意ではなく、託宣という人為を越えた次元で認められたものであると宣言したことになろう。だとすれば称徳は、早速にでも再度確認の使者を立ててしかるべきではないか。

ところが称徳は、重ねて使者を派遣し〝真相〟の究明に当たらせることはなかった。その必要がないほど阿曾麻呂の託宣を信じていたのであろうか。それなら称徳は、道鏡の即位に向けて行動を開始してしかるべきであろうに、その形跡は皆無である。だいいち、あれほど執着していた道鏡にも、その動きがまったく見られないのはどうしたことか。不可解という他はない。

これらのことから導き出される結論はただひとつ、清麻呂が持ち帰った託宣で称徳は道鏡を皇位につけることを断念した、ということである。むろん、道鏡も同様に断念したのである。称徳も道鏡も、清麻呂の伝えた託宣を受け入れ、これに従ったのである。その限りにおいて、天皇は皇胤でなければならないとする託宣に、偽りはなかったとみるべきである。

称徳の宣命

それなら称徳は、なにを根拠に清麻呂が虚偽の託宣を報告したとして激怒し、処罰したのか。道理からいって、虚偽としたのは託宣のうち道鏡の即位に関する部分（それが根幹である）ではなく、別の箇所についてであったということになる。

そこであらためて、清麻呂や法均の処罰について下した称徳の宣命（神護景雲三年九月二十五日条）を読み直してみる。この宣命は、先述した事件の経緯に関する地の文（『続日本紀』の編者が記した説明文）の前に収められたもので、内容は五段に分かれる。それぞれについて、ここでは大意を述べることにする。

（1）清麻呂は、神託にかこつけて捏造した非道な妄語をはいた。

臣下というものは君に従って助け護り、無礼な面持ちがなく、陰で君を誹《そし》らず、偽りへつらうことなく仕えるべきものである。ところが従五位下因幡員外介輔治能真人清麻呂は、姉法均と非道な妄語を作って、法均に奏上させた。その顔を見ると自分たちの作り話を八幡大神の託宣にかこつけて言っているのは明らかで、問いただしてみたところ、案の定、大神の託宣でないことがわかった。だから法の通り、この両人を退ける。

（2） 悪人は進言をまたずとも天地が示すものである。

清麻呂らの奏上が偽りだと断定したのは、人がそう言ったからではなく、ただ法均が道理に合わないことを言ったからである。面持ちも無礼で、自分（法均）の言うことを聞き入れて用いるようにと思っていることがわかった。これ以上非道なことはない。こうしたことは諸聖（仏菩薩や護法の諸天）たち、天神地祇がお示しになり悟されることであって、誰も私に奏上することなどできるものではない。人が奏上しなくても、心の悪い人は必ず天地が示し給うものである。

（3） 謀り事に与同した者は許す、改心せよ。

また、清麻呂らと互いに謀り事をする人間がいることがわかったが、君は天下の政治を行うものであるから、これを許そう。しかしこのような事を重ねれば法によって裁かねばならない。このような事情を知って、先に清麻呂らと同心して謀り事を企んだ者は、心を改めて以後は仕えよ。

（4） 清麻呂姉弟の名を変えて追放する。

また、清麻呂らはよく仕えてくれる臣だと思えばこそ姓を賜ったのである。今は穢い臣として追放するのであるから、前に授けた姓を取り上げて別部とし、名前も穢麻呂とする。法均についても名をもとの広虫売《ひろむしめ》に戻す。

（5）　妙基も処罰する。

また、妙基は広虫と身体は別だが心は同じであることがわかったので、その名を取り上げ追放する。

ちなみにここに見える妙基とは、法均とともに称徳に仕えた尼と思われ、なんらかの形でこの事件に関わっていたのであろうが、不詳である。

さて言葉は多岐にわたるが、この中で称徳は、道鏡の即位を否定した部分（それが清麻呂の持ち帰った託宣の主要部分であるが）についてては、なんら言及していないことがわかるであろう。問題にしているのはそれではなく、清麻呂姉弟は「大神の御命を借りて」（託宣にこと寄せて）、「甚だ大きに悪しく奸《かだ》める忌語」（たいそう悪いよこしまな偽りの話）をつくり、「己が事を納れ用ゐよ」（法均らの言うことを聞き入れて用いよ）、と天皇である自分に進言した点（第二段）にある。そのことを法均の応答ぶりから不審に思って問いただしたところ、思った通り、「大神の御命」ではなく偽りであったことがわかった（第一段）、というのである。

無道の人

いったい、称徳が法均に問い詰めて偽りと白状させた話とはなにか。

それについても宣命（第二段）の中に述べられている。もし「心の中悪しく垢く濁りて在る人」（心の悪い人間）ならば、そなたたちに言われるまでもなく、必ず天地が示し給うであろう、と述べ、自分たちの言うことを聞き入れて、無道の人を追放せよという法均らの行為を、天と地が逆さまになる以上に無礼なことだ、と怒りも露わに厳しく非難している。問い詰めて白状させた虚偽の託宣に対する称徳の怒りである。

称徳の宣命にいう悪人（「心の中悪しく垢く濁りて在る人」）が、清麻呂の託宣に見える「无道の人」をさし、それが道鏡その人であることはいうまでもない。すなわち称徳は、清麻呂の託宣に書かれている「无道の人は早に掃ひ除くべし」（道鏡は早く排除せよ）という箇所が、宇佐大神の託宣ではなく、神託に便乗して法均や清麻呂らが捏造したものであると見破り、清麻呂らの目的が道鏡の追放にあったことを白状させたということであろう。

皇位につけてはならないという点では承服したが、神意をうかがったばかりに、かえって道鏡は無道の悪人とされただけでなく、追放すべき人物とされてしまった。これは称徳にとってまったく予期せざる話であり、事態であったといわねばならない。そのようなことを忠告される理由がないと、称徳ならずとも激怒して当然であろう。それに称徳は、かつて淳仁から道鏡のことで非難され、これが両者の対立に及んだことは、なお記憶にあたらしい。

しかし、その時とは事情が違う。道鏡との共治を実現した称徳にとって、道鏡の人柄を非難されるだけでも堪えがたいのに、その上追放せよとは、称徳の政治そのものが全面的に否定されたも同然であった。いわんやそれを腹心の法均姉弟に言われようとは、二重のショックであったに違いない。先に明かさずにおいた事件解明のキーワードというのは、道鏡を追放せよというこの文言だったのである。

これが称徳が虚偽と怒り、法均姉弟を配流した理由である。繰り返すが、道鏡の即位に関して虚偽の報告をしたというのではない。

称徳の決断

「虚偽」の報告に怒った称徳であるが、しかしその後、皇位継承についての動きはいっさいみられない。となると、称徳は清麻呂の報告で道鏡の即位を断念したというより、それ以前からその覚悟ができていたのではないか、だからこそ道鏡の即位を否定されても、冷静に受け止めることができたのではないか、と思われてくる。阿曾麻呂の託宣を耳にした時点で、ひそかに心に期するところがあったのだと考える。

これはあくまでも仮定の話であるが、もし清麻呂が阿曾麻呂の奏上と同じ内容の神託を持ち帰ったとしたら、称徳は道鏡を皇位につけただろうか。

否である。道鏡を即位させるためには、称徳みずからが譲位しなければならない。これは道鏡を法王にしたのとは、わけが違う。それは、これまで築き上げてきた道鏡との〝共治〟体制を、みずからの手で否定することであった。大嘗祭を神仏習合の姿で進め、皇位継承に関するタブーを破った称徳にとって、道鏡を法王にすることに、まったく抵抗はなかった。これまで縷々述べてきたように、称徳自身が神仏習合を一身に体現する存在であったから、道鏡の法王はその半身、つまり法界の師長たることをゆだねたものに他ならない。

しかし、天皇は法王と同じではない。それも、政治的次元を超える神託に従うのであれば、強行しても責任を免れることができたであろう。だが、称徳がそう思ったのは、おそらく一瞬のことで、早い時点で道鏡の即位が不可能であり、許せないものであるとの考えに到達している、とわたくしは見る。

これに対して、道鏡は皇位に異常なほどの執心を示しており、それを断念させるのが容易でないことは、称徳には十分わかっていた。しかし無理をして皇位につければ、政治的混乱を引き起こし、道鏡が破滅するのは火を見るよりも明らかであった。それは道鏡を寵愛する称徳には堪えがたいところであった。

道鏡を皇位につけることはできない――それが、阿曾麻呂の託宣を受け取った称徳の、苦悩の末にたどりついた結論であったと思う。

道鏡を諦めさせねばならないと判断した称徳が、阿曾麻呂の奏上を奇貨として、道鏡の野心を抑える決意をしたとしても、おかしくはない。そのために称徳の選んだ道は、道鏡が皇胤でないことを理由に、即位が不可能であるとの神託を受けるということであった。道鏡の野心を断念させるには、それ以外に方策は有り得なかったろう。

こうして道鏡の即位を抑えるために、称徳にとっても超越的論拠としての神託が必要となった。清麻呂を宇佐に派遣した理由である。

牀下に召す

ここで想起したいことがある。『続日本紀』に、称徳が清麻呂を使者として宇佐へ発遣するにあたり、「清麻呂を牀下《しょうか》に召して、勅して曰く」と記されていることである。「牀下」すなわち玉座のもとにまで清麻呂を呼び寄せて、称徳は自らの意を伝えている。当時、たかだか従五位下の下級貴族にすぎない清麻呂を、わざわざそば近くまで召したのは、よほどの事情があってのことである。

称徳が清麻呂に内意を打ち明け、期待したものは、道鏡を皇位につけるためにふさわしい神託ではなく、むしろ即位を否定する託宣であったと考える。阿曾麻呂の託宣を否定する神託を持ち帰るように、と。

称徳は、出立する清麻呂に、因果を含めてそう命じたものと思う。道鏡が清麻呂の懐柔に狂奔している時、称徳はそれの阻止に苦慮し、同じ清麻呂に協力を求めていたのである。

こうして称徳は、宇佐へ旅立つ清麻呂を見送ったのだった。

ところが、法均の口を通して聞いた、清麻呂が持ち帰った託宣には、称徳が期待したもの以外の内容が含まれていた。「無道の人は早《すみやか》に掃ひ除くべし」という文言である。そこで称徳は激怒したが、しかしその理由は、即位を阻止された道鏡の怒りとはまったく別のものであった。

称徳の怒り・道鏡の怒り

『続日本紀』には、怒った道鏡が清麻呂の本官（近衛将監《このえしょうげん》）を解き、因幡員外介とした（決定したのは称徳とみるべき）が、任所に赴く前に称徳の詔があり、除名して大隅国に流したとある。道鏡の気持ちを察した称徳が、因幡員外介ではなお不十分として、大隅に流し罪を重くしたということであろう。事実『日本後紀』（清麻呂薨伝）は、「天皇（称徳）、（清麻呂を）誅するに忍びず、因幡員外介となし、姓名を改めて別部穢麻呂とし、（ついで）大隅国に流す」と記し、二度にわたる処罰はともに称徳が行ったとしている。

これは託宣によって、野心は断念したものの怒り狂う道鏡を見て、それを緩和吸収するためにとった称徳の配慮ではなかったろうか。現に「清麻呂薨伝」によれば、配所に向かう清麻呂を道鏡が待ち伏せして殺そうとしたが、突然雷雨が襲い助かったという。この「奇蹟」譚には多少潤色が加わっていると思われるが、道鏡の激怒ぶりが想像されよう。

清麻呂の左遷

ただし、当初、清麻呂が因幡員外介に任じられたとする『続日本紀』の記載については、多少説明を要する。

一つは、員外介についてである。員外というのは文字通り、令や格で定められた定員以外に任命される官職で、事務負担を軽減するために設けられたものであるが、員外国司の場合、実際には赴任せずその俸禄だけを与えられることが多かった。現にこの時、従五位下大伴潔足《おおとものきよたり》が因幡介（国司の第二等官）として在任している（神護景雲元年八月十一日任命）。そんなことから清麻呂の員外介も給与目的の任命であって、左遷ではないとの見方もあるが、清麻呂の場合、本官である近衛将監（仲麻呂の乱後に置かれた天皇近侍の親衛軍である近衛府の第三等官）を解任しての任命であるから、事実上の左遷とみるべきである。

また、員外国司が任地でトラブルを起こすことが多かったことから、それを避けるために、これ以前、天平神護二年（七六六）十一月、員外国司の赴任を禁止していたことが、清麻呂の因幡員外介の任命を左遷でないとする見方の根拠ともなっている。しかし赴任の禁止後でも、たとえば神護景雲元年（七六七）、越中国などにおいて員外国司の自署が見え（『大日本古文書』五）、在国していたことを示しているから、必ずしも禁止令が履行されていたとは思えない。清麻呂の因幡員外介任命は明らかに左遷であり、実際に現地に赴いたものと考えてよい。

説明を要する二つは、因幡員外介に任じられたとする神護景雲三年八月十九日についてである。神託事件の経緯を述べた『続日本紀』の地の文や、清麻呂・法均の処罰について称徳が下した宣命は同年九月二十五日条に収められており、八月十九日条の任命記事と時間的なズレがあることから、因幡員外介任命は神託事件とは無関係であるとする意見がある。任命人事は清麻呂に対してだけでなく、清麻呂を含めて二二人に発令されていることも根拠とされているようだが、果たしてそうであろうか。

むしろ通常の人事にかこつけて左遷人事を行っているところに、清麻呂に対する称徳の配慮をわたくしは見る。託宣に、期待した以外の内容が含まれていたことにショックを受け、激怒した称徳ではあったが、法均・清麻呂姉弟の忠勤ぶりを思えば、あからさまに処罰するのは忍びなかったのであろう。「天皇（称徳）、（清麻呂を）誅するに忍びず」という清麻呂薨伝の記載は、信じてよい。正式な処罰の宣命を下すまで一ヵ月余り、長すぎるように思うかも知れないが、称徳が決断するにはそれだけの時間を必要としたのである。予想を越えて怒り狂う道鏡を目の当たりした称徳は、苦悩の末、清麻呂処罰という処置に踏み切らざるを得なかったのである。

ともあれ清麻呂らへの処分は、いってみれば因果を含めての厳罰であった。この事件の処罰が一族に及んでいないこと、そして何よりも前述したような破格の厚遇については（本人たちを別部に貶して改姓したこと以外）、なんら改めていなこともそれを暗示する。

5　清麻呂の〝忠烈〟

清麻呂と百川

称徳の断罪によって大隅国へ流罪となった清麻呂に関連して言及しておきたいのは、藤原百川（時に参議・右大弁）が清麻呂の「忠烈」（熱烈な忠義）を憐れんで、備後国の封二〇戸を配所に送り届けていることである（『日本後紀』所収「清麻呂薨伝」）。そこから、神託事件を藤原氏が清麻呂を使って企てたとみて、これを清麻呂が藤原氏の走狗になった証拠とする理解もあるが、わたくしは、百川のこの行為が称徳の意を承けてのものであったと考えたい。

というのは、百川の生母久米連若女《くめのむらじわかめ》（奈保麻呂の娘）が称徳朝に入って後宮にたずさわり、称徳の側近として仕えていたからである。仲麻呂・淳仁時代には官職に恵まれなかった百川が、称徳朝に入ってにわかに地位を得て寵愛されるようになったのも（瀧浪「藤原永手と藤原百川」）、生母若女と称徳との関わりによるもので、百川はそうした生母を通して、称徳の清麻呂に対する配慮や雰囲気を察していたのかも知れない。そして、これも称徳の清麻呂に対する処罰が、多分に道鏡を意識してのものであったことを示している。端的にいえば、表向きは厳罰に処しながら、裏ではひそかに援助の手をさしのべていたのである。

そこで想起されるのが、清麻呂がもたらした託宣にみえる、「無道の人は早やかに掃ひ除くべし」という考えが、清麻呂だけの意見でなかったことを、称徳はすぐに見抜いている事実である。先の宣命の中で称徳は、「此の事を知りて清麻呂等と相謀りけむ人在りとは知らしめして在れども」（清麻呂・法均のことを知っていて、清麻呂らとともに謀り事をした人物がいることは知っているが）と述べている。「清麻呂等と同心して一つ二つの事も相謀りけむ人等」（清麻呂らと心を合わせて、一つ二つのことを共謀した者たち）についても、「心改めて明らかに貞《さだ》かに在る心を以《もっ》て奉侍《つかえまつ》れ」（心を改めて、正しい心をもって仕えよ）と述べており、それが誰々であるかまで知っていた口ぶりである。しかし、称徳はかれらをあえて許すことにした。かれらの意見は、おそらく宮廷貴族のものであり、かれらを処分することは事態を紛糾させるだけでなく、みずからの基盤を揺るがしかねないことを、十分承知していたからである。清麻呂の支援者に対して、忠告だけですませた理由である。支援者が百川であったと見る意見もあるが、確証のあることではない。しかし、称徳と清麻呂とのパイプ役となったのが百川であったことだけは、確かである。

ともあれ、こうして称徳は難局を切り抜けた。事件後の称徳は、むしろ安堵感さえ抱いているように思われる。それを示すのが、事件解決（九月二十五日）から六日たった十月一日、群臣を集めて下した長文の宣命である。

「恕」の帯の下賜

前半は、称徳の皇太子時代に語られたという従祖母《おおおば》元正太上天皇および父聖武天皇の詔の引用である。興味深いのは、天皇としての心構えとして述べた聖武の言葉で、「上《かみ》は三宝の御法《みのり》を隆《さか》えしめ、出家せし道人《ひと》を治めまつり、次は諸の天神地祇の祭祀を絶たず云々」といい、まず第一に仏法を興隆させ、僧侶の優遇をはかり、次には諸の天神地祇の祀りを絶やさないようにと、言い聞かせていることである。これまでみてきた称徳＝道鏡体制は、まさしくこの父聖武の教えを受け継いだものであった。

宣命の後半で称徳は、皇位について述べている。「夫《そ》れ君の位は願ひ求むるを以て得る事は甚だ難しと云ふ」（そもそも天皇の位というものは、願い求めても決して得られるものではない）ことは承知しているが、皇位を願う者がいる。しかし天地の選んだ人でなければ結局は身を滅ぼしてしまうものだといい、皇位を得ようとする心を誡めている。この日の長文の宣命が、神託事件の後始末をみずからの手で行うためのものであったことは明らかである。

この宣命のなかでわたくしが心惹かれるのは、称徳が先人の言を引用して、「体は灰と共に地に埋りぬれど、名は烟《けむり》と共に天に昇る」といい、また「過を知りては必ず改めよ、能《よ》きを得ては忘るな」（『千字文』）と述べている個所である。そこには、多分に自戒の意が込められているとみられよう。そして後の世では人界と天神との楽しみを受け、「終に仏と成れ」（悟りを得て仏となれ）とも述べている。印象的なのは、称徳が最後に次のような詔を述べて、貴族たちに帯を下賜していることである。

此の賜ふ帯をたまはりて、汝等の心をととのへ直し、朕が教へ事に違はずして束ね治めむ表《しるし》となもこの帯を賜はくと詔りたまふ。

（この帯で汝らの心を整え直し、私の教えにそむかないでたばね治めるしるしとして、この帯を与えるのです。）

帯は衣服をまとめ結ぶものであり、その帯を結束の誓いとして下賜したものであった。神託事件を切り抜けて、天皇のあるべき姿に立ち戻った称徳の自負心がうかがわれよう。帯は五位以上の者（才技または貢献をもって五位を得た者は除外）と藤原氏全員（成人に達していない者まで）に下賜されており、藤原氏に対する配慮がうかがえる。

その帯は紫色の綾絹で作られた長さ八尺のもので、見逃していけないのは、両端に金泥で「恕」の文字が書かれていたことである。

「恕」とは、自分がして欲しくないことを他人にしてはいけないとの意で、中国の孔子が好んだ言葉である。そこから、「ユルス」「アワレム」「オモイヤル」ことを意味するが、「恕」の文字に込めた称徳の思いは何であったのか。

お前たちの気持ちは十分わかっている。お前たちが望まないことをするつもりはない。私はそれをオモイヤル。だからお前たちも私をオモイヤッテ、私を信じてほしい、ということではなかったか。少なくとも称徳自身、神託事件の処理にやましさはなかったろう。しかし為政者としての反省は多々あったはずである。

この宣命によって、神託事件はすべてが落着した。帯は、称徳と貴族官人たちとの絆の証しとされ、これにより藤原氏をはじめとする貴族たちの反発や批判も吸収緩和されたのではなかろうか。

清麻呂の召還

ただし清麻呂姉弟が罪を許され、平城京に召還されたのは、称徳没後である。しかも清麻呂は、その後、宇佐八幡宮との接触を試みようとしている。清麻呂姉弟にとって、神託事件は決して終わったわけではなかったのである。話が称徳没後のことになるが、神託事件の顚末を見届けるために、召還後の清麻呂について、ここで述べておきたい。

清麻呂・広虫がそれぞれ大隅・備後から呼び戻されて都に入ったのは、宝亀元年（七七〇）九月六日のことである。由義宮から平城京に戻った称徳が発病し、没したのが八月四日、ただちに白壁王《しらかべおう》

（のちの光仁天皇）が皇太子に立てられ、その令旨によって道鏡が下野《しもつけ》薬師寺に左遷され、習宜阿曾麻呂が多褹島守として配流されたのが同八月二十日であるから、清麻呂姉弟はそれと入れ替わるように呼び戻されたことになる。神護景雲三年（七六九）九月に配流されて以来、一年ぶりの都入りであった。

清麻呂が本位である従五位下に復されたのは白壁王が即位した翌年（宝亀二年）三月のことで、復位後最初の任官は、同年九月に任じられた播磨員外介である。ただし以後、光仁朝では目立った活躍がみられない。そんなことから、道鏡追放の立役者でありながら不遇であったとみるのが通説であるが、わたくしはそうは思わない。道鏡事件はあくまでも称徳天皇との関係であり、光仁天皇と直接かかわるものではない。

称徳没後すぐに召還され、姓氏を復されたうえ、播磨員外介ついで後述するように豊前守に任じられている。この間、姉の広虫とともに「和気公《きみ》」から「和気宿禰」ついで「和気朝臣」の氏姓も賜っている。また故郷備前国に墳墓のある高祖父佐波良《さはら》以下四代と清麻呂とを美作・備前両国の国造にされているのも、光仁天皇時代のことであり、決して不遇だったとはいえない。

豊前守清麻呂の〝粛正〟

その光仁天皇時代、清麻呂は豊前守に任じられ、再度、宇佐八幡宮に出かけている。清麻呂の豊前守については『東大寺要録』（巻四）に収められた弘仁十二年（八二一）八月の太政官符に、宝亀二年（七七一）に豊前守に任じられたと記している。

また鎌倉時代末に編纂されたと考えられている『託宣集』には、宝亀四年の文書に、(豊前)国守清麻呂の名が見え、この前後、豊前守として九州の地にあったことが知られる。

ただし『続日本紀』には、清麻呂が任命されたという記載はない。同書に見えるのは宝亀二年十一月、安倍朝臣御県《あべのあそんみあがた》が豊前守に任じられ、ついで同五年三月、多治比真人豊浜《たじひのまひととよはま》が任命されたという記述だけである。そんなことから清麻呂の豊前守任命はにわかに信じがたいが、しかし、かといってまったくの作為であったとも言い切れまい。安倍御県が任命直後、なんらかの理由で豊前守を清麻呂と交替した可能性も否定できないからである。むろん、これは仮定の話であるが、もし清麻呂の豊前守任命が事実であったとするならば、その時期は、およそ宝亀二年末から五年三月(多治比豊浜が任命されるまでの間)までということになろう。

清麻呂の豊前守にこだわるのは、召還後、清麻呂が豊前守として宇佐神宮に乗り込み、託宣の真偽を検察したという話が伝えられているからである。『託宣集』(通十「大尾社部下」)に記すもので、次のような内容である。

宝亀四年(七七三)正月、時に豊前国司であった清麻呂が大宰府に訴えたところによると、宇佐八幡宮の禰宜や宮司が神託にこと寄せてしばしば妖言をなし政治を混乱させたのに、これまでの国司はそれを正そうとはせずに放置してきた、実否を検察したいので大宰府の官人および卜部《うらべ》を派遣してほしいと要請したとある。それを受けて、大宰府から主神の中臣宅成と、対馬の卜部である卜部酒人・

同弟定、壱岐の卜部である卜部道作ら三人の占卜師が派遣され、清麻呂とともに八幡宮に赴き、託宣の真偽をはじめ禰宜・宮司の適否を占わせている。結果は、辛嶋与曾女の下した神託（「道鏡を皇位につけよ」）は偽託宣であり、それに関わった宇佐池守も不適任との判断が下された。しかし池守らが、自分たちは偽託宣とは関わりないと抵抗し、結局、大宮司に大神氏、少宮司に宇佐氏、禰宜・祝に辛嶋氏を任命することで決着がついた、というものである。

清麻呂によるこの検察が注目されるのは、神託事件で辛嶋与曾女が下した託宣が偽託宣であったと判断していることである。そんなことから、このたびの清麻呂の検断は神託事件の張本人をあぶり出し、与曾女をはじめとする宇佐氏・辛嶋氏の一族を八幡宮から追放するためであったとみる意見が少なくない。しかし、果たしてそうであろうか。

神託事件はすでに解決され、現に清麻呂も召還されている。清麻呂がそれを蒸し返して処断しようとしたとは、とても思えない。道鏡（七七二年に没）自身も、すでに亡くなってしまったこの時点で、八幡宮を断罪することに何の意味があるのか、はなはだ疑問である。そうではなく、清麻呂自らが乗り込んだのは、長期にわたって争われてきた八幡宮神職集団の権力闘争に終止符を打つところに、その真意があったとわたくしは考える。

繰り返すことになるが、厭魅事件によって失脚した大神氏（＝八幡神）に代わって主導権を握った宇佐氏・辛嶋氏（＝比売神）は、道鏡と結びつき、八幡神の上位に立つことで権勢の維持をはかろうとした。道鏡を皇位につけよという神託事件は、この宇佐氏らを中心とする神職集団と習宜阿曾麻呂が結託しておこしたものである。厭魅事件も神託事件も、すべて権力闘争のために企てられたというのが真相であり、清麻呂が危惧したのは、そうした八幡宮が抱える神職団の体質にあったことは間違いないと思う。清麻呂が八幡宮に乗り込んだのは、それを解決するためであった。

その証拠に、清麻呂が下した裁決は、それまで衰退していた大神氏が大宮司として復活し、宇佐氏も少宮司、辛嶋氏も禰宜・祝のポストをそれぞれ得ている。明らかに妥協策が採られている。その結果、神職集団内部に新たな秩序づけが行われることになったのは、八幡宮の歴史にとってはなはだ重要である。

百川の意を受けた清麻呂

そして見逃していけないのは、清麻呂の検断が藤原百川の意を得たものであったということである。従来、だれも気づかなかったのが不思議でさえあるが、実はこの時期、大宰帥だったのが藤原百川である。『続日本紀』に、宝亀二年（七七一）二月、藤原百川がそれまでの諸官を兼任したままで大宰帥に任じられ、同五年四月、百川の異母弟蔵下麻呂《くらじまろ》が帥に任命されたとあるから、宝亀二年から五年までの間、百川が任にあったとみてよい（『続日本紀』には蔵下麻呂が宝亀二年五月にも任とあるが、蔵下麻呂薨伝には任命が「宝亀五年」とあり、これを信じるべき）。すなわち清麻呂の豊前守時代（宝亀二年末から五年三月）は、百川の大宰帥時代と重なり、清麻呂が八幡宮に乗り込むにあたっては、当然長官である百川の許可を得たはずである。百川は右大弁・右兵衛督《うひょうえのかみ》などを兼任していたから現地（大宰府）に下っていたとは思えないが、清麻呂と大宰府役人とのやり取りは逐一、平城京にいる百川のもとに知らされたに違いない。

三氏が競合していた宇佐神職団の権力争いについて、これ以前から百川が聞知していたかどうかは不詳である。しかし百川は、清麻呂が配所にあった際には援助を送り、清麻呂に心を寄せている。そうした両者の関係を通して、百川が八幡宮の権力闘争をまったく知らなかったとは思えない。大宰帥に着任した百川が、それを機に八幡宮のテコ入れに乗り出した可能性は十分に考えられる。その際、宇佐八幡宮のウミをあぶり出すのに清麻呂ほどの適任者はいなかったろう。そんなことを考えると、豊前守に清麻呂を推挙したのは、案外、百川であったのかも知れない。

いずれにせよ、神託事件後に行われた宇佐八幡宮の検断と内部組織の秩序付けは、百川と清麻呂との合意のもとに実現されたことは間違いないものと考える。

野猪伝説

このことに関連してもう一つ述べておきたいのは清麻呂の野猪伝説、すなわち清麻呂が「野猪」に護られたという説話である。『日本後紀』に収める「清麻呂薨伝」に記されるものであるが、この「清麻呂薨伝」は異例の長文として知られている。

ちなみに『日本後紀』は『続日本紀』に続く第三番目の正史で、弘仁《こうにん》十年（八一九）、嵯峨《さが》天皇が編纂を命じている。完成までに二一年を要しているが、一貫して事業に携わったのは藤原百川の息子、緒嗣《おつぐ》ただ一人である。異例の長文は、清麻呂の業績や人柄を緒嗣がいかに高く評価していたかを物語っており、父百川を通して知り得た清麻呂評といったものも投影されているに違いない。そこでまず、その「清麻呂薨伝」について内容を一〇点に整理し、それぞれ大意を簡単に要約したうえで、「野猪伝説」の意味を考えてみたい。次が、その要約である。

（1）延暦十八年（七九九）二月二十一日、和気清麻呂が亡くなった。清麻呂は姉広虫とともに称徳天皇に仕え、信頼を得た。

（2）姉広虫は称徳の出家にならって自身も出家（法名は法均）した。恵美押勝《えみのおしかつ》（藤原仲麻呂）の乱の後、孤児を収容して養育した。

（3）神託事件によって清麻呂姉弟は改名させられ、それぞれ流罪となった。

（4）光仁天皇が即位すると、姉弟が召還され、それぞれにもとの名前と位階が与えられた。

（5）桓武天皇は法均の人柄を褒め、人びとも姉弟の仲の良さを称えた。

（6）法均は延暦《えんりやく》十七年正月九日に亡くなった。天長《てんちよう》七年（八三〇）、正三位の位記が贈られた。

（7）野猪伝説。

（8）清麻呂の祖先について。

（9）　清麻呂は天応元年（七八一）に従四位下を授けられて民部大輔に、ついで中宮大夫・民部卿などに任命され、従三位に叙せられた。「和氏譜《わしふ》」を撰上し、桓武天皇の称賛を得た。平安遷都は清麻呂の進言による。

（10）　清麻呂には六男三女があり、なかでも長子広世《ひろよ》は父の志を遂げた。

一般に「清麻呂薨伝」と称してはいるが、前半はおもに姉法均に関する記述であり、後半が清麻呂伝で構成され、前半・後半はそれぞれほぼ年代順に記載されている。問題の「野猪伝説」（7）は、法均が亡くなった記事と清麻呂伝との間に記されたもので、次にその内容を要約しておく。

清麻呂は足が萎えて立てなくなったが、八幡神を拝するために輿に乗って豊前国宇佐郡椔田村《しもとだ》に至った時、三〇〇頭ほどの野猪が道をはさんでならび、ゆっくりと一〇里ばかり先導して山中に走り去った。見る者はすべて不思議なことと思ったが、清麻呂が八幡宮に参拝する日には歩けるようになっていた。さらに八幡の神託によって、神封八万余屯を賜ったので、清麻呂はこれを宮司や国中の百姓に分け与えた。行くときは輿に乗っていた清麻呂が、帰りは馬に乗っているのを見て、人びとはみな驚嘆した。

「野猪伝説」が、いつ頃から流布するようになったか、明らかではないが、清麻呂と八幡宮との関係を物語っていることは確かである。

この伝説については、一般に清麻呂が神託事件で大隅国に流される途中、道鏡によって殺されようとした時の出来事とみられている。十二世紀後半に書かれたという『水鏡《みずかがみ》』では、それが改変され、萎えた足というのは道鏡の命によって切られた足であるとされている。しかし、わたくしには、この伝説が神託事件に関わるものであったとは思えない。事件に関わるものであるならば、ほぼ時系列に記載されている薨伝の体裁から判断して、姉弟の処罰すなわち（3）の前後に挿入されるべきものだからである。その点では挿入個所として「野猪伝説」の不自然さは否めない。

そんなことから、わたくしは先述した宝亀年間、清麻呂が豊前守として八幡宮に乗り込んだことに関わる話ではないかと考える。むろん伝説が荒唐無稽なものであるとしても、清麻呂の人となりやその行動が反映され、語り継がれてきたはずである。そこで留意したいのが、『石清水文書《いわしみずもんじょ》』にひかれている「広幡八幡大神代託宣并公家定記」で、清麻呂が豊前守として神職団に裁決を下した折、八幡神は神託を下して清麻呂に稲一万五〇〇〇束、綿一〇〇〇屯を与えたと記していることである。「野猪伝説」にみえる「神封八万余屯」とは額などの上で異なるが、八幡神の託宣によって清麻呂に与えられたという点では共通する。そんなことから「野猪伝説」は豊前守時代の八幡宮検断が核になって生み出された可能性も考えられよう。推測ではあるが、そう考えれば挿入個所の不自然さが解消されるだけでなく、百川の息子緒嗣が書き留めた理由も納得できるのではなかろうか。

関連史料が見当たらず、これ以上明らかにすることは出来ないが、清麻呂の豊前守任命が事実であったことを裏付ける伝承の一つとみておきたい。

Ⅳ　由義宮落日

25――由義宮旧址

「法王の都」として道鏡の故郷に営まれた由義宮は，神護景雲3年（769）に西京と名づけられた．現在は由義神社となっているが，近くにも弓削神社が2ヵ所ある．

1 女帝との日々

法王の都

道鏡の〝夢〟は破られた。破ったのは他ならぬ称徳女帝である。父聖武の教えを受け継ぎ、草壁皇統を遵守しようとする称徳の強烈な意識が、道鏡に対する愛情を超えるほどに強かったということであるが、しかしそれは道鏡を寵愛するが故の、苦悩の選択でもあった。強引に皇位につければ、政治的混乱を引き起こし、道鏡が破滅することを誰よりも称徳は承知していたからである。

しかし、いっぽうの道鏡は、果たして〝夢〟を棄て切れたであろうか。かりに道鏡が断念したとしても、神託事件を企てた道鏡の弟浄人や習宜阿曾麻呂らまでもが諦めたとは思えない。称徳の複雑な胸中を、道鏡とてうすうす気づいていたであろう。そうしたことを思えば、道鏡の心も揺れ動いていたに違いない。

宇佐神託事件以後、称徳の思いはひたすら弓削への行幸に向いている。しかし、たんなる物見遊山の行幸ではない。道鏡の故郷である弓削の地を、平城京にも匹敵する「法王の都」とすることを宣言するための行幸であった。それは道鏡の心を癒やしたいと願う、女帝の一途な気持ちからであったとわたくしは見る。法王道鏡との〝共治〟をめざしてきた称徳にとって、「都」の造営は、「神仏習合政治」の総仕上げともなったに違いない。

「恕」の文字をしるした帯を配って二週間後の十月十五日、道鏡とともに平城宮を出発した称徳は、富雄《とみお》川の東岸、飽波宮《あくなみ》（現奈良県生駒郡）を経て十七日、由義宮に着いている。飽波宮については近年、富雄川西岸の上宮遺跡《かみやいせき》（斑鳩町）で大規模な遺跡が発見されたことから、そちらを比定する見方もあるが、今後の調査にゆだねたい。いずれにせよ、大和から河内へ抜ける交通上の要地であったことから営まれた宮である。

それはさておき、称徳にとっては二度目の弓削行幸である。

称徳がはじめて道鏡の故郷であるこの地を訪れたのは四年前のこと、紀伊・河内行幸の折であった。弓削行宮《あんぐう》に入った称徳は弓削寺に礼仏したあと、道鏡に太政大臣禅師の位を授けている。それを祝って弓削寺では唐・高麗の楽や河内国の風俗歌舞が奏せられたことは記憶に新しい。今回入った由義宮は、その折りの弓削行宮を整備し、文字を改めたものである。「由義」は法王の都にふさわしい好字である。

二十一日、称徳は西北方にあった竜華寺《りゅうげじ》に市場を仮設して、寺の西を流れる長瀬川のほとりに河内の市人や商人を集めて店を開かせ、随行した五位以上の者たちに好きな物を売買させている。称徳自身もその場に臨みこれを遊覧している。人びとの喜ぶ様子を見て楽しむのが王者の振る舞いだったのである。終わって難波宮の綿二万屯・塩三〇石を寺に寄進し、行幸に付き従った仕丁・仕女以上の者と僧都以下の僧侶にも綿を賜るなど、大規模なイベントであった。その間、十九日、従四位下藤原雄田麻呂（のち百川に改名）が河内守に任じられているのは、この行幸一切を取り仕切らせるためであったと思われる。

北京と西京

そして三十日、称徳は由義宮を「西京《にしのきょう》」と定めることを宣言し、河内国を河内職《かわちしき》と改めている。由義宮を西京と称したのは、平城京の西に位置していたことによるが、かつて仲麻呂が近江に営んだ保良宮を北京と称したのを意識しており、それと同等の位置づけをしたものと考える。単なる離宮ではなく、平城京に準ずる本格的な宮都として造営計画がなされていたことがわかる。その意識は、河内国を河内職に改めたことにも表れている。左・右京職や、難波宮のあった摂津職にならって特別行政区としたもので、長官（大夫）は雄田麻呂こと百川である。

河内国では本年の調と大県《おおかた》・若江《わかえ》の二郡の田租が、安宿《あすかべ》・志紀の二郡については田租の半分がそれぞれ免除され、弓削氏の男女に対して位階が与えられている。とくに道鏡の弟浄人（時に正三位であった）は従二位に昇叙されており、道鏡一族に対する破格の恩賞は尋常とは思えない。

弓削の地は道鏡の故郷というだけでなく、亡き母光明子が少女期を過ごした安宿（部）郡に近いことも、称徳に親近感を抱かせた理由であろうが、出身地を宮都とすることで、法王道鏡の権威を高め、その存在を確固たるものにしようとしたことは間違いない。

道鏡の心を癒やすのは容易ではない。まして浄人らの野心を抑えるのは困難である。それらを消滅させるには、法王道鏡が法界の〝王〟であり、俗界の天皇である称徳自身と法王道鏡とによる、いわば聖俗の立場による〝共治〟体制をとるという、称徳の理想を明確に示す以外にはなかったろう。西京・由義宮は法王道鏡の権威のシンボルであり、その造営は道鏡の〝夢〟と引き替えになされたものであったと考える。

西京と定めるためのこのたびの弓削行幸が神託事件の直後になされた理由は、以上につきる。由義宮という佳字に改めたのも、たんなる弓削の地の離宮ではなく、広大な宮都が構想されていたからであろう。称徳と道鏡は十一月九日に平城宮に戻っている。二〇日余りの行幸であった。

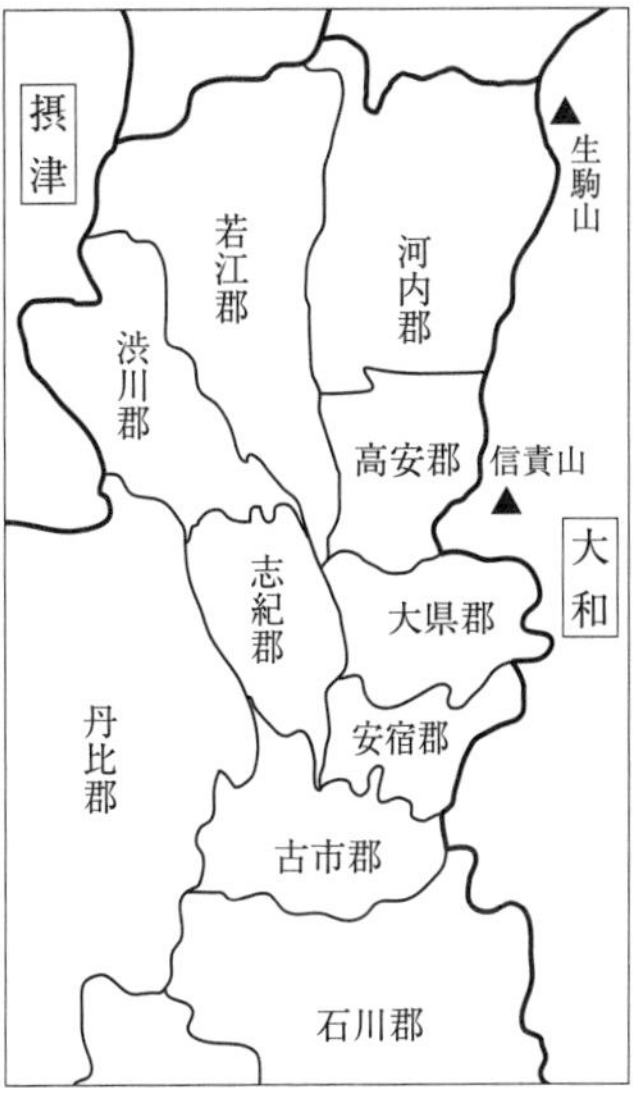

26―奈良時代の河内国略図

西京は万代の宮

西京はこれを機に、改めて整備・拡張工事が図られたようである。翌宝亀元年（七七〇）正月、宅地が由義宮域に入る大県・若江・高安郡の百姓からそれを買い上げ、四月には河内亮《かわちのすけ》従五位上紀広庭《きのひろにわ》と摂津亮外従五位下内蔵若人の二人を造由義大宮司次官に任じている。また由義寺（弓削寺）の塔も造営させている。西京としての結構を整えたのである。

ただし西京の規模や構造などは一切不詳であるが、先述した経過から判断すると、その範囲は大県・若江・高安郡から安宿・志紀郡の一部にまで及んでいたと思われ、壮麗な宮都が構想されていたようである。

工事のさなか、この年二月二十七日、称徳は三たび道鏡と由義宮に出かけている。三月三日、博多川（現、石川）で遊宴が催され、百官文人・大学生らが曲水《ごくすい》の詩を奉っている。十日には臨時に会賀《えが》の市司《いちのつかさ》が任命された。ここは大和川と石川の合流点に近く、古くから交通の要衝として市が開かれたところで、西京の市として、この時もそこに店を設けて人びとに交易の楽しみを味わせたのである。

三月二十八日には、河内を中心に蟠居していた渡来氏族、葛井《ふじい》・船・津・文《あや》・武生《たけふ》・蔵《くら》の六氏の男女二三〇人が歌垣《うたがき》を催している。男女が互いに歌いかけながら、踊ったもので、この時の装いは青摺《あおずり》の衣に紅い長紐を垂れていたというから、その鮮やかさが目に浮かぶようだ。男女が二列に並び、おもむろに進みながら歌う。

少女《おとめ》らに　男立ち添ひ　踏み平《な》らす　西の都は　万世《よろずよ》の宮

（乙女らに男が立ち添って、踏みならして歌うこの西京の由義宮は、永遠に栄える都であるよ）

それに応えて歌う。

淵も瀬も　清く爽《さや》けし　博多川　千歳《ちとせ》を待ちて　澄める川かも

（淵も瀬もよく澄んで、清く爽やかな博多川は、いついつまでも清流であり続けるであろう）

由義宮の永遠の繁栄を歌う西京賛歌である。称徳もそして道鏡も、満ち足りた思いにしたったことであろう。

男女は歌の曲折ごとに袂をあげ、節とした。その他、四首の古詩が歌われている。そこに詔が出され、五位以上の貴族や内舎人、女孺《にょじゅ》（下級の宮人）などもこの歌垣に加わっている。古い時代、歌垣は男女が集まって恋愛の歌をかけ合い、交わりをもつ遊びであったが、それがここでは芸能化がすすみ、古い姿が失われていたことも知られよう。

27―由義宮（西京）周辺略図

終わって河内大夫従四位下藤原百川が和儛《やまとまい》を奏し、六氏の者たちに商布や綿を賜っている。まさしく河内の渡来人と都の貴族官人たちとの、華やかな交歓のひとときであった。

繰り返すことになるが、この後四月に入って造由義大宮司を任命し、同月三日には由義宮行幸に随従した文武百官と十二大寺（大安・薬師・東大・興福・新薬師・元興・法隆・弘福・四天王・崇福・法華・西隆の寺）の僧や沙弥に物を賜っている。道俗を交えての盛大な行幸であったことが知られよう。同五日には由義寺の塔を造営した諸司の人、雑工ら九五人に位階を与えており、由義宮と由義寺の拡張・整備が並行してなされている。「法王の都」にふさわしい宮都は盛観そのものだったに違いない。

称徳が平城宮に戻ったのは翌日、四月六日のことである。今回の行幸はじつに四〇日にわたり、道鏡が供奉した行幸ではもっとも長期に及ぶ滞在であった。しかし道鏡にとって、由義宮での長の滞在が女帝称徳と持った最後の思い出となる。

2 永訣

官大寺への行幸

平城京に戻った道鏡は、間もなく称徳との永遠の別れを知ることになるが、その前に、もう一度確認しておきたいことがある。それは、称徳にとって道鏡がいかに掛け替えのない存在であったかということである。時期を遡ることになるが、再度、重祚以前すなわち称徳が道鏡と出会う以前に戻り、確かめておこう。

孝謙天皇時代以来の行幸について、一覧表にしてみた（表4〈二一〇・二一一頁〉参照）。一見して明らかなように、重祚（称徳天皇時代）以後圧倒的にふえている。このうち興味深く思われるのは、道鏡の法王就任（天平神護二年十月二十日）後、はじめての行幸が西大寺だったことであろう。『続日本紀』によれば、称徳が仲麻呂の乱の平定を願って四天王像が造られ、西大寺はその折りに発願したという。その名が示すように、それは称徳の両親ゆかりの東大寺にならうもので、位置も東大寺（平城京の東）に対して平城京の西（右京一条三坊から四坊にかけての地）に造立されている。称徳にとって西大寺は格別の思い入れがあったのである。

就任早々の道鏡をともなってのこの寺への行幸は、尊像を拝することで、女帝と法王による〝共治〟体制への誓いを確認するためではなかったか。西大寺への行幸が多いのも、称徳と道鏡の考え方や関心が知られて興味深い。

翌年、天平神護三年（神護景雲元年）二月から三月にかけての寺院の巡訪も留意される。東大寺にはじまって山階寺（興福寺）・元興寺・西大寺・大安寺・薬師寺への行幸を重ねている。むろん道鏡が同道していたことはいうまでもないが、見逃していけないのは、西大寺以外は、いずれも平城京の五大寺として朝廷が保護管理・経営してきた、いわゆる国家寺院だということである。平城京内の寺院を思いつくままに歴訪していたわけではない。しかも東大寺では国中連公麻呂《くになかのむらじきみまろ》以下、東大寺造営関係者に叙位、山階寺では林邑楽《りんゆうがく》と呉楽《くれがく》が演奏され、奴婢五人に賜爵、元興寺では寺に真綿・商布を喜捨し、奴婢に賜爵、大安寺では寺の造営大工に叙位、薬師寺では寺に真綿・商布を喜捨し、常勤の大工に叙位するとともに奴婢にも賜爵、とくに奴の息麻呂《おきまろ》を解放して殖栗《えぐり》連の姓を、婢の清売《きよめ》には忍坂《おしさか》の姓を賜るなど、巡訪が一連のものであり、計画的な行幸であったことを知る。

官大寺（五大寺）の巡訪は、むろん寺院僧侶に対する示威であったが、最大の目的はいわゆるお披露目であり、法王道鏡の権威付けにあったと考える。その証拠に、一連の行幸の最後、薬師寺への巡訪から六日後、三月二十日に法王宮職が設置されている。行幸は、法王宮職設置直前の一ヵ月余りに集中している。

そのことに関連して注目したいのは、山階寺・元興寺・薬師寺への行幸時に見られた奴婢に対する賜爵である。寺奴婢への賜爵はこれが初例で、それは道鏡の法王時代、神護景雲年間に集中しているのが特徴である。法王として道鏡が施した施策の一環であったといってよいであろう。

七〜八世紀にかけて、天皇の行幸が政治的意味をもつことは少なくなかった。称徳が出かけたこのたびの一連の行幸も、称徳にとって覚悟と責任をかみしめてのものであったろうが、それは同時に法王道鏡の尊厳を示すもっとも直接的な示威行

道鏡

(764)	9.20	大臣禅師伝命
(765)	閏10. 1	太政大臣禅師伝命
(766)	10.20	法王伝命
(767)	3.20	法王宮職の設置
(770)	8.21	法王の地位剝奪

表4　孝謙・称徳の行幸一覧

孝謙天皇時代		
天平勝宝元年（749）	10. 9	河内知識寺（～10.15　大郡宮に還御）
2年（750）	2.16	春日の酒殿
3年（751）	1.14	東大寺
6年（754）	1. 5	東大寺
8年（756）	2.24	難波・河内（～4.17還御）
孝謙上皇時代		
天平宝字4年（760）	1. 2	藤原仲麻呂邸
5年（761）	8. 2	薬師寺
	10.13	保良宮（～6年5.23　法華寺に還御）
称徳天皇時代		
天平神護元年（765）	10.13	紀伊国・和泉国・河内国（閏10.8以前に還御）
2年（766）	1.17	右大臣（藤原永手）邸
	12.12	西大寺
神護景雲元年（767）	2. 4	東大寺
	2. 8	山階寺
	3. 2	元興寺
	3. 3	西大寺法院
	3. 9	大安寺
	3.14	薬師寺
	4.26	飽浪宮（～4.28）
	9. 2	西大寺嶋院
2年（768）	10.20	長谷寺（～10.22）
3年（769）	2. 3	左大臣（藤原永手）邸
	2.24	右大臣（吉備真備）邸
	4.23	西大寺
	10.15	飽浪宮・由義宮（～11.9）
宝亀元年（770）	2.27	由義宮（～4.6）

為でもあったといってよい。

行幸を終えた道鏡は、晴れて法界の〝主〟法王として君臨することになったのである。以後、称徳の行幸にはほとんど道鏡が同道している。道鏡は称徳の分身であり、称徳と道鏡とによる〝共治〟という意味で、二人は一心同体の天皇と法王として行動したのである。

話を戻す。由義宮での長期間滞在から平城宮に戻った称徳は、そのまま病の床につく。『続日本紀』には、「天皇、由義宮に幸したまひてより、すなわち聖躬《せいきゅう》不予するを覚えたまふ。ここにすなはち平城に還りたまふ」（八月十七日条）とあり、由義宮で発病したという。わざわざ平城宮に戻ったのは、この時称徳はすでに死を予感していたのではなかろうか。

称徳、病床に伏す

道鏡にとっては、これが称徳との永訣となった。平城宮に戻ってから一〇〇余日間、称徳はみずから政事をみず、また群臣にして謁見を許されたものはなかった。ただ吉備真備の娘（妹とも）で典蔵《くらのすけ》の由利のみが臥内に出入りし、奏上すべきことを伝えたという（宝亀元年八月十七日条）。

託宣事件以来、称徳は道鏡との決別の時を予期していたに違いない。称徳には片付けなければならない重大な仕事、すなわち皇太子問題（次の皇位継承者の決定）が残されていたからである。もはや先送りが許されない時期にきていた。しかし、それは道鏡を捨てることでもあった。道鏡が〝夢〟を諦めないでいる限り、早晩別れなければならないことを覚悟していた。託宣事件のあとの由義行幸には、そういう思いが込められていたように思われる。ところがその由義宮で病に倒れたため、にわかに現実のものとなったのである。

むろん道鏡とて、称徳の心中を痛いほどに察していたはずである。しかし、道鏡を取り巻く浄人らが権力への野望を簡単に諦めたとは思えない。道鏡としては、それをどうすることも出来なかったのである。

28――称徳が命じた衛府の統率

統率者	衛府	長官
藤原永手	近衛大将	藤原蔵下麻呂
	外衛大将	藤原継縄
	左兵衛督	阿倍息道＊
	右兵衛督	藤原雄田麻呂
吉備真備	中衛大将	吉備真備
	左衛士督	吉備泉
	右衛士督	佐伯伊多智
弓削浄人	衛門督	弓削浄人

＊神護景雲二年十一月に左兵督に任命されたが宝亀二年閏三月「復位」されたとあり、この間、何らかの事件に関わって貶位されたことは明らかである。したがって宝亀元年六月当時、左兵衛督であったかどうかは不詳。

こうして道鏡は、称徳から遠ざけられた。遠ざけたのは称徳であるが、道鏡自身もあえて逢おうとはしなかったのであろう。それが称徳を苦しめることを誰よりも知っていたからである。直前までの甘美な日々を思えば、二人にとって、それは辛い時間だったろう。

貫かれた称徳の配慮

病床に伏した称徳について、政治をはじめすべてに無関心・無責任になったと非難する見方があるが、そうではない。六月十日、左大臣藤原永手に近衛・外衛・左右兵衛のことを、同じく右大臣吉備真備に中衛・左右衛士のことを委ねている。八衛府のうち、二人に七衛府の統率を命じたのである。これは死に乗じて起こる不穏な動きを抑えるためであったが、衛門府一つが除外されたことについて一般に、当時弓削浄人が衛門府の督《かみ》（長官）に任じられており、それを孤立させることによって道鏡の軍事的基盤を弱めたと考えられている。しかしそうであろうか。図28のように八衛府の長官のうち、左兵衛と右衛士を除き、それぞれ近衛・外衛・左右兵衛府が藤原氏、中衛・左衛士府は吉備氏が占め、衛門府は弓削浄人であった。太政官のトップとして称徳＝道鏡体制を実務面で支えてきた永手・真備の一族と、法王道鏡の一族によって分担任命されている。そんなことからわたくしは、衛門府を除いたのは、むしろ浄人の存在を重んじての称徳の配慮ではなかったかと考える。この時浄人は大納言（正三位）であり、左大臣永手（従一位）・右大臣真備（正二位）の下位にあったから、永手・真備らによる衛門府の統率も不可能ではなかったはずである。しかし称徳は、そうはしなかった。浄人＝弓削氏を永手・真備から切り離し、むしろ並置させることで、その存在感を増幅しようとしたものと思われる。ここでも法王道鏡との〝共治〟体制を貫こうとしたことがうかがえるのである。

称徳は病の床にあっても、道鏡一族に対する配慮を忘れてはいない。体調を崩し、由義宮から戻って二日後、四月八日、弓削氏の男女に物を賜っており、同十一日には従五位上弓削宿禰牛養《うしかい》ら九人に弓削朝臣を、外従五位下弓削連耳高ら三八人に朝臣を賜姓している。自ら遠ざけた道鏡であるが、大事な存在であったことを物語っている。

それは、由義宮の造営についても感じられる。七月二十二日、延べ三万人を動員して志紀・渋川・茨田の堤が修理されている。旧大和川から淀川にかけて、辺り一帯は洪水がよく起こる。大県から志紀郡内にまたがる由義宮は、ひとたび堤が決壊すれば大惨事は免れなかったろう。工事は、そうした由義宮への被害を防ぐためのもので、称徳が最後まで由義宮の完成を夢みていたことが知られ、道鏡への思いといったものが感じられる。

八月四日、称徳は平城宮西宮寝殿で静かに息を引き取っている。道鏡と出会って八年、五三年の生涯であった。

道鏡の失脚

由義宮から帰って以後、近寄ることさえ許されなかった道鏡が、ようやく称徳の棺に寄り添うことができたのは、二《に》七日《しちにち》の斎を終えた翌日、八月十七日である。出家の身として称徳の遺骸は、父聖武天皇と同じように（他の天皇とは違って）火葬に付された上、この日、両親が眠る西方、大和国添下《そうのしも》郡佐貴郷に築かれた高野《たかの》陵に葬られている。この山陵は鈴鹿《すずか》王《おう》（長屋王の弟）の旧宅を収公し、左右京と四畿内、伊賀・近江・丹波・播磨・紀伊などから徴発された六三〇〇人もの役夫によって築かれたものであった。

『続日本紀』には、「道鏡法師は梓宮《しきゅう》に奉《つかえまつ》りて、便《すなわ》ち陵の下に留り廬《いおり》す」と記す。道鏡は称徳の陵下に留まり墓守になったのである。生きて再び逢うことの出来なかった道鏡の胸中を思えば、哀れでさえある。

『続日本紀』に収める道鏡の卒伝には、山陵を離れようとしない道鏡の様子を、「なほ威福己によるを思ひて、ひそかに僥倖《ぎょうこう》を懐《おも》ふ」と記し、なお専権を保持しようとしていたというが、いささか悪意に満ちた評言であろう。愛する人の死にあって抜け殻のごとくなった姿とみる。道鏡は一人の僧侶として称徳に殉じ、永遠に供奉しようとしたのである。しかしそれも、長くは許されなかった。

道鏡に「奸計《かんけい》」（よからざる陰謀）ありという坂上苅田麻呂《さかのうえのかりたまろ》の密告をうけて八月二十一日、道鏡は法王の地位を奪われ、称徳の恩寵に免じて断罪されることなく、造下野国薬師寺別当に左遷された。

29――高　野　陵

しかし、道鏡が実際に謀反を企てていたとは思えない。自分の勢力を過信し、墓守をして油断をしていたとの理解もあるが、山陵の下に廬して留まっていた道鏡に、謀反の動きは一切みられない。皇太子（白壁王、のちの光仁天皇）の令旨には、密かに皇位を窺っていた道鏡の陰謀が発覚したとあるから、苅田麻呂が密告した道鏡の「姧計」とは、称徳亡き後の皇位を狙っている、との内容であったと思われる。むろん、これは道鏡を陥れるための口実である。神託事件以来、道鏡には取り立てて非難すべき行為は見受けられず、そうでもしなければ、法王道鏡を追放することができなかったというのが真相であろう。

この日、神託事件の首謀者である習宜阿曾麻呂が多褹島守として左遷、翌二十二日、道鏡の弟弓削浄人と、浄人の息子ら三人を土佐国に配流しているのは、道鏡との関係から罪を負わされたものである。

ちなみに密告者の苅田麻呂は翌二十三日、その功績によって従四位上から正四位下に叙され、同二十六日には河内職が河内国に復された。これは西京（由義宮）が廃止されたためである。

宮廷貴族たちにとっての〝神託事件〟は、ここに至りようやく終わったのである。称徳が亡くなって二十二日後のことである。

道鏡死す

いっぽう、下野への左遷を言い渡された道鏡は、即日、促されて平城京を出発している。下野まで護送していったのは左大弁佐伯宿禰今毛人《いまえみし》と弾正尹藤原朝臣楓麻呂《かえでまろ》の二人であった。下野国薬師寺は、かつて天平勝宝六年（七五四）、厭魅事件によって僧行信が配流された地である。天平宝字五年（七六一）に戒壇が設置され、東大寺・筑紫観世音寺と並び三戒壇の一つとして僧侶の授戒に多大の役割を果たしたことで知られる。造薬師寺別当といえば薬師寺の造営にあたるべく下野国赴任を命じられたように聞こえるが、体の良い左遷であったことは言うまでもない。

30── 下野薬師寺

道鏡がこの下野の地で過ごしたのは一年八ヵ月、その間の動向は一切わからない。宝亀三年（七七二）四月六日、道鏡は失意のうちにその地で亡くなっている。『続日本紀』には、この日、下野国から「造薬師寺別当道鏡死す」との報告がもたらされたといい、「死する時は庶人を以て葬」ったと記している。かつて法王にまで上りつめ、左遷とはいえ造薬師寺別当の地位にある道鏡だったが、無位・無官の人物として生涯を終えている。おそらく僧侶の立場も剝奪されていたのであろう。

称徳は道鏡と出会ったことで、波瀾に満ちた生涯を歩むことになる。その称徳に寵愛された道鏡もまた、なまじ皇位への幻想を抱いたばかりに反逆者のレッテルを貼られ、歴史の宿命にさらされねばならなかったのである。

いま、龍興寺（栃木県下野市）境内にある塚が道鏡の墓といわれ、その生涯をひっそりとこんにちに伝えている。

V

道鏡の功罪

31――道　鏡　塚

龍興寺境内にある．下野国（栃木県）に左遷された道鏡は，宝亀3年(772) 4月この地で没する．称徳女帝が亡くなって2年後のことである．付近には称徳を祀る神社もある．

1　女帝の終焉

皇位継承問題

近江保良宮で出会って以来、称徳が病に倒れるまで生涯をともにした道鏡であるが、その歳月は、わずか八年に過ぎなかった。称徳との出会いは、道鏡の人生を狂わせてしまうことになるが、しかし、称徳が草壁皇統に連なるという嫡系意識にあれほどまで固執しなければ、道鏡も哀れな末路をたどることはなかったろう。平城京を舞台に繰り広げられた幾多の血なまぐさい政争は、ひと言でいえば草壁皇統をめぐる争いであったから、その意味では道鏡もまた、時代の犠牲者であったといってよい。

道鏡（＝称徳）の時代はあっけなく終わってしまったが、道鏡たちが後世に与えた影響は、決して小さくはない。というより、その後の歴史を方向づけたという点では、きわめて重大な意味をもつ。最後に奈良時代という政争・内乱期のなかで生涯を終えた道鏡の存在とその功罪について、あらためて考えてみたい。

第一は、皇位継承との関係である。

繰り返すことになるが、孝謙は道鏡と出会いさえしなければ、仲麻呂や淳仁と表だって対立することもなければ、まして重祚することもなかったろう。そして淳仁以後の皇位は、天武系王族によって継承されていったことは、間違いない。聖武が立てた道祖王《ふなどおう》は廃太子されたが、嫡系継承の原理を捨て皇位継承者を天武傍系に拡大するという、聖武がとった方針や措置は受け継がれていくはずであった。

それが、道鏡が登場し、称徳が重祚することによって、皇位継承は思わぬ方向に展開する。未婚の女帝となる孝謙（称徳）が重祚しても、皇位継承問題の上では何の解決にもならなかったからである（瀧浪『女性天皇』）。むしろ称徳の重祚によって、問題は振り出しに戻ったというべきであろう。天皇となったことによって、後継者問題がみずから解決すべき課題となった称徳は、そのためにしばしば弁明をするが、立太子の動きはまったくなかった。なぜか。

ひと言でいえば、政治的不安の中に置かれていた称徳は立太子問題どころではなく、女帝ゆえに生じる動揺をどう乗り切るかが最大の課題となっていたのである。

しかし皇位継承をめぐる現実は、称徳が考える以上に深刻であったことは、繰り返し述べてきた。公私にわたり称徳を後見してきた道鏡であるが、病の床についた称徳から遠ざけられた道鏡に、口をはさむ余地はまったくなかった。

そして、ついに決断を下す時がきた。

白壁王の擁立

神護景雲四年（七七〇）八月四日、病床の称徳が下した決断は天智天皇の孫、白壁王を立太子するというものであった。『続日本紀』に、次のように記している。

左大臣従一位藤原朝臣永手、遺宣を受けて曰く、今詔《の》りたまはく、事率爾《にわか》に有るによりて、諸臣等謀《はか》りて、白壁王は諸王の中に年歯も長なり。また先帝の功も在る故に、太子と定めて奏せば、奏せるまにまに定め給ふと勅《の》りたまはくと宣《の》る。

ここには永手が称徳から受けた詔だけでなく、称徳と永手（ら臣下）の間でのやりとりも含まれており、しかもそれらが要約して記されていることから、文意がはなはだ不明確である。そこで、言葉を補って大意を述べておこう。

左大臣永手が遺宣（称徳天皇の宣命）を受けて発表する。今（称徳天皇が）仰せ下されるには、事は急を要するので、諸臣たちと審議して、（急ぎ皇太子を立てよと申された）。（そこで永手らは）諸臣たちと合議した結果、白壁王は諸王たちの中で年長であること、また先帝（称徳）に対しても功績多大であり、皇太子にふさわしい人物と決定し、そのことを奏上したところ（称徳もこれを承諾し）、その通りにせよ、との勅があった旨を宣告する。

詔の中にいう「先帝」を称徳ではなく、天智天皇とみる理解が多いが、年齢的にみて、白壁王（七〇九～七八一年）が天智の時に功績をあげることは有り得ない。天智が亡くなった時（六七一年）、王はまだ生まれていない。また、「遺宣」とあるが、それはたった今、病床での称徳が発した命令との意で、遺詔＝死後に公表された称徳の言葉（遺言）という意味ではない（瀧浪「藤原永手と藤原百川」）。称徳が生前、白壁王の立太子を決定したことは確かであり、それに従って二ヵ月後の十月に即位したのが白壁王こと光仁天皇（時に六二歳）である。

遺宣は偽作か

ところが、この皇嗣決定があまりにも敏速で話ができすぎているとして、称徳は皇嗣を定めないままに没した、そこで称徳の〝遺宣（遺言）〟なるものを偽作し、白壁王の立太子を実現したのだ、というのが一般の理解である。つまり先にみた『続日本紀』の記載を偽作とみるのである。

そうした考え方に拍車をかけているのが『日本紀略《にほんきりやく》』所引の「百川伝」や、『水鏡』の記載である。称徳天皇は在世中、皇太子を定めずに亡くなった。そこで右大臣吉備真備らは長《なが》親王の子である文《ふん》室浄三《やのじようさん》、ついでその弟の大市《おおち》を強硬に立太子させようとしたが、いずれも辞退した。この間、百川は永手らとはかって宣命を偽作し、白壁王を立太子させたというのが、その大意である。

しかし、わたくしにはそうは思えない。これまで縷々述べてきたように、自らが草壁皇統の正統な継承者であるという意識は、死の直前まで称徳の脳裏から離れることはなかった。道鏡を近づけなかったのもそのためで、そんな称徳が後継者問題を放置したまま没したとは考えがたいからである。

「百川伝」や『水鏡』の記載が、まったく根拠のない荒唐無稽なものとは思わない。称徳が病床にあって出席していない会議であったことを考えると、意見の対立があって当然であろう。「百川伝」

や『水鏡』の記載は、むしろ利害が対立し議論が錯綜した有り様を反映したものとみてよいのではないか。そうであればこそ、それらをまとめて白壁王の擁立に一本化したのは、まさしく永手の力量、政治的手腕によるものであったと考える。

称徳が白壁王を選んで没したことは、間違いない。そして、当時の状況のなかでは、もっとも妥当な選択であったといえる。

白壁王自身は聖武と血縁関係をもたないが、妻の井上内親王は聖武の娘（母は県犬養広刀自。安積親王の姉）であったから、その井上を介して聖武の血脈に連なっていることになる。その点で白壁王は称徳にとっても親近感を抱かせる人物であったと思われる。井上内親王との間に、他戸《おさべ》親王が生まれていたことも、いっそう親しみを覚えさせたろう。県犬養系ではあるが、他戸は聖武の孫であり、白壁王の擁立は、この他戸の立太子とセットで実現された可能性が大きい。

聖武系皇統のゆくえ

事実、白壁王が即位した翌月、宝亀元年（七七〇）十一月のこと、井上が皇后に立てられ、翌二年正月、他戸親王が立太子されている。かつて安積親王は立太子の機会を得ないまま没しており、県犬養系皇子の立太子はこの他戸がはじめてである。

大事なのは、聖武が断念した草壁嫡系を聖武系（厳密には聖武直系）皇統として存続させることになった事実であり、県犬養氏の存在意義が大きなものとなったことである。その結果、「聖武系皇統」という意識が、これ以後強く自覚されるようになる。のち、他戸親王没（宝亀六年）後のことであるが宝亀十年（七七九）六月、周防国《すおう》で自らを聖武の孫、他戸親王と称する人物が現れている。他戸が亡くなって四年、しかも平城京（大和国）から遠く離れた土地でこのような事件が起こっているところにも、「聖武系皇統」の意識の強さを物語っていよう。

それはさて、話を他戸生前に戻すと、他戸立太子後、事態は思わぬ方向に転換する。宝亀三年（七七二）三月、井上皇后が光仁天皇を呪詛したとして皇后の地位を剝奪され、ついで五月には他戸が廃太子されるという事件が起こったのである。代わって山部親王が皇太子とされた。のちの桓武天皇である。

言うまでもなく桓武は天智の曾孫であり、聖武に連なる立場ではないが、留意されるのは、その桓武も当初、自分の立場が聖武系皇統に連なるものと認識し、行動していたことである。ここではこれ以上述べないが、光仁天皇の在世中、はじめ和新笠《やまとのにいがさ》（父和乙継《おとつぐ》の氏名を名乗る）と称されていた桓武の母に、「高野朝臣《たかののあそん》」が賜姓されている。「高野」は、高野陵に葬られ高野天皇とも称された聖武の娘孝謙（称徳）女帝にちなむ賜姓である。通常、天皇や皇太子に関わる名前は忌避されるものであった伝統や慣習から考えると、「高野朝臣」の賜姓は、他戸に代わって皇太子に立てられた桓武が、母新笠を介して聖武に連なることを強調するための、きわめて意図的な措置であったことは間違いない（瀧浪「桓武天皇の皇統意識」）。

しかし、その事態もまたまた転換する。即位早々、氷上川継《かわつぐ》ら天武系の者たちが皇統を主張してクーデタを起こし、桓武の抱く聖武との擬制的関係を真っ向から否定する。川継（父塩焼王は天武の孫、母不破内親王は聖武の娘）らは、天武の血脈を伝えることにおいて桓武の比ではなかった。聖武（天武）の血を承けていない桓武にとっては、如何ともしがたい事実であったろう。事件に直面し、聖武系皇統における立場が否定された桓武は、みずからの皇統は天智系に連なるとの意識を否応なく持たされることになる。

天智系皇統の誕生

この事件を契機に天智系皇統の意識にめざめた桓武は、新しい皇統の拠点としての新たな宮都づくりに乗り出す。即位して三年目に断行された平城棄都、すなわち長岡遷都である。長岡京は結局一〇年で放棄されるが、続く平安遷都とともに、平城を離れて、山背（平安遷都後、山城に改められる）の地に天下を草創する事業であったといってよい。それは聖武系皇統との決別であり、天智系皇統の出発点なのであった。

いったんは浮上したかにみえた聖武系皇統であるが、桓武によってあえなく消滅した。桓武が藤原種継《たねつぐ》暗殺事件に関わる皇太弟早良親王《さわらしんのう》の廃太子を奉告した（延暦四年）のを最後に、平安朝では聖武陵（あるいは天武系皇胤の山陵）に奉幣することは一切見られない。ただ東大寺の盧舎那仏に関連する事柄だけは、聖武天皇陵に奉告されている（文徳天皇時代の八五五年・八五六年）。王朝時代での聖武は、大仏を奉造した天皇としてのみ回顧される存在となっていった（瀧浪「桓武天皇の皇統意識」）。

そればかりか、桓武によって一世紀にわたり宮都であり続けた大和国が棄てられ、山背国に都が遷され、王城の中心となった。そうして誕生した長岡京・平安京は、その後一〇〇〇年にもおよぶ都市として発展し、様々な歴史と文化の諸相を展開することになる。

こうした歴史の変貌推移を、いったい誰が予想しえたであろうか。

遡って考えると、すべては道鏡の処遇や位置づけと引き替えに、称徳が先送りしてきた立太子問題に端を発しているといってよいであろう。奈良時代後半における紛糾の原因は、すべてそこにあった。

新しい受け皿

これまで縷々述べてきたように、称徳が先送りしつづけた皇位継承問題をめぐる政争は、重祚以来、絶えることがなく、そのために様々な混乱を引き起こしたというひと言につきる。そうした反省から、光仁天皇が他戸親王を皇太子に立てたのは、即位してわずか三ヵ月後であった。

それまでの慣例に照らして超スピードの立太子である〈表5〈二二八頁〉参照〉。ちなみに即位の翌月、井上内親王が皇后に立てられているのは、皇位継承者にとって母が皇后であることがもっとも有利な条件だったことによる。井上は聖武天皇の娘であり、聖武の血脈に連なるという点で申し分のない継承者であったが、その他戸も、正式な手続きを経た上で皇太子に立てられたのである。

立太子の時期は、次の桓武天皇や平城《へいぜい》天皇・嵯峨天皇になると、いずれも即位の翌日に皇太子が立てられており（淳和《じゅんな》や仁明《にんみょう》の場合は二日後）、即位と立太子がほぼ同時期に行われるようになる。こうした傾向は皇太子制度が整備されたことと相俟って、平安時代を通して踏襲されることになる。そ

表5　即位と立太子

	即位年月日			立太子年月日　（　）内は天皇名		
奈良時代	持統	687年	9/9			
				軽皇子（文武）	697年	2/16
	文武	697	8/1			
				首皇子（聖武）	714	6/?
	元明	707	7/17			
	元正	715	9/2			
	聖武	724	2/4			
				基王（没）	727	12/2
				阿倍内親王（孝謙）	738	1/13
	孝謙	749	7/2			
				道祖王（廃太子）	756	5/2
				大炊王（淳仁）	757	4/4
	淳仁	758	8/1			
	称徳	764	10/9			
				白壁王（光仁）	770	8/4
	光仁	770	10/1			
				他戸親王（廃太子）	771	1/23
				山部親王（桓武）	773	1/2
平安時代	桓武	781	4/3	早良親王（廃太子）	781	4/4
				安殿親王（平城）	785	11/25
	平城	806	5/18	神野親王（嵯峨）	806	5/19
	嵯峨	809	4/13	高岳親王（廃太子）	809	4/14
				大伴親王（淳和）	810	9/13
	淳和	823	4/16	正良親王（仁明）	823	4/18
	仁明	833	2/28	恒貞親王（廃太子）	833	2/30
				道康親王（文徳）	842	8/4
	文徳	850	3/21	惟仁親王（清和）	850	11/25

れまで天皇が即位して数年後に行われていた皇子の立太子が、即位儀礼に組み込まれて行われるようになったことを示している。皇太子が皇位継承の新しい受け皿となったのである。ここに至って皇太子が次期皇位継承者として明確に位置づけられたといってよい。別の言い方をすれば、持統が即位して以来、男帝が成長するまでの中継ぎ役とされた女帝の役割は無用となったのである。称徳を最後に

女帝が登場しなくなった理由であり、いわゆる女帝の終焉である（瀧浪『女性天皇』）。

考えてみれば、称徳・道鏡の登場によって皇位継承は出口の見えない迷路に入ってしまった。しかし、その称徳・道鏡時代を経ることによって貴族社会に強烈な皇統意識を芽生えさせたことも事実である。道鏡を即位させようとした宇佐八幡神託事件が君臣の区別、すなわち皇位継承の有資格者たる皇族（王族）の立場をかつてないほど厳格に示したからである。

古代の皇位継承において、君臣の別の峻厳化、これを称徳・道鏡朝の第一の功罪であるとすれば、第二は、称徳・道鏡朝の反省から光仁天皇以降皇太子制度が整備され、その結果女帝の歴史に終止符が打たれたことであろう。

しかし、その光仁朝で他戸が廃太子され、山部こと桓武が立太子されることによって、桓武自身が自らを天智系皇統に位置づけ、以後平安時代を通して天智系皇統が強く意識されるようになるが、それはもはや道鏡たちの関与するところではない。

2 神仏隔離

天皇と神祇

称徳・道鏡の功罪に関連して、次に注目されるのは、神仏関係の変化についてである。聖武朝以来、仏教に基づく鎮護国家の考え方から、神と仏が接近する、いわゆる神仏

32—手向山八幡宮

習合が進められてきた。具体的には神社、たとえば宇佐八幡宮にみられる神宮寺（弥勒禅院）の建立であり、いっぽう寺院、たとえば東大寺における鎮守神（手向山八幡宮）の出現である。こうした習合がもっとも積極的に進められたのが道鏡の影響を受けた称徳時代であったといってよい。

すなわち称徳・道鏡のめざす政治体制は、仏教を第一として神祇の上位に位置づけ、その上で神祇を仏教の護法善神とする、いわゆる仏教第一とする神仏習合の形態であった。それはみずからを「三宝の奴」と称した父聖武の考え方を踏襲するものであった。しかし、仏教第一として進められた神仏習合は、理論的・思想的にはなお未成熟であり、当時の貴族社会に様々な問題を露呈する。朝廷政治に介入した宇佐八幡神託事件は、その最たるものであったといってよい。

光仁は、そうした神仏関係を否定するところから出発している。

光仁は、まず仏教重視の鎮護国家の姿勢を打ち消し、神祇尊重を実践する。そのことは、皇太子に立てられた白壁王（光仁天皇）が道鏡左遷を命じた令旨に明らかである。すなわち、「是れ神祇の護る所、社稷の祐《たす》くる攸《ところ》なり」（これは天神地祇が守護し、国家を守る神々による加護である）とみえ（宝亀元年八月四日条）、道鏡の奸謀が神祇の守護によって事なきを得たと述べられている。仏（教）の加護については、一切ふれていない。自らの即位の詔においても同様で、天皇の位は「天に坐《ま》す神」（天神）と「地に坐す神」（地祇）がともに承諾し、扶けて下さることによって、安泰に天下を治めることができるのだと言明しきっている（宝亀元年十月一日条）。事あるごとに仏の加護を持ち出し、重祚に際しても、第一に三宝（仏）に仕え、次に天つ神・国つ神に仕えて、天下を治めるために皇位についたと宣言した称徳とは明らかに異なっている。

神祇による鎮護国家

光仁は、仏教に代わって神祇の秩序を重んじ、それを第一とした。神祇を天皇と結びつけ、神威によって天皇の権威付けをはかり、社会の安定をめざしそうとしたのである。聖武朝以来進められてきた鎮護国家に対して、〝神祇による鎮護国家〟の宣言といってよい。

光仁の神祇重視の姿勢は、災害除去などの対策にも打ち出されている。（表6・7〈二三二・二三三頁〉参照）

表から明らかなように、光仁朝では仏事が減少し、大祓や奉幣・馬の奉納など神祇による対応に比重が移されていることが知られる。なかでも神祇の中心は、罪や穢れを除去するために行われる大祓（解除《げじょ》）で、光仁朝では、毎年六月と十二月の晦日に実施される定期の大祓以外にも、臨時の大祓がしばしば行われているのが目に付く。

表6　光仁朝の神祇対策

年　月　日	奉幣	大祓	その他	理　由
宝亀2（771）・3. 5			○	祈　雨
宝亀2（771）・6.10			○	祈　雨
宝亀3（772）・2.24			○	祈　雨
宝亀3（772）・6.23	○			祈　雨
宝亀4（773）・3.13			○	祈　雨
宝亀4（773）・4.22			○	祈　雨
宝亀4（773）・5. 1	○			祈　雨
宝亀5（774）・4.22			○	祈　雨
宝亀5（774）・6. 4	○			乙訓社の怪異
宝亀5（774）・6. 4			○	祈　雨
宝亀6（775）・4. 7	○			ネズミ被害
宝亀6（775）・6.22			○	？
宝亀6（775）・6.25	○		○	祈　雨
宝亀6（775）・8.22			○	伊勢・美濃・尾張災害
宝亀6（775）・8.30		○		伊勢・美濃風雨の災害
宝亀6（775）・9.20	○		○	止　雨
宝亀6（775）・10.24		○		風雨・地震
宝亀6（775）・10.25	○			風雨・地震
宝亀7（776）・5.29		○		災害・変異
宝亀7（776）・6.18		○	○	祈　雨
宝亀8（777）・3.19		○		宮中で怪異事件
宝亀8（777）・5.13			○	止　雨
宝亀8（777）・8. 8			○	止　雨
宝亀8（711）・12.25	○			皇太子病気平癒
宝亀9（778）・3.27	○	○	○	皇太子病気平癒
宝亀9（778）・6.26	○			風雨順調

表7　光仁朝の仏教対策

年　月　日	誦経	その他	理　由
宝亀3（772）・11.10		○	天下太平
宝亀3（772）・12.23	○		除　災
宝亀4（773）・12.25	○	○	国家安寧
宝亀5（774）・2.3	○		疾　病
宝亀5（774）・4.11	○		除　災
宝亀6（775）・10.19	○		風雨・地震か
宝亀7（776）・5.30	○		災害・変異か
宝亀8（777）・3.21	○		宮中の怪異事件か
宝亀9（778）・3.20	○		皇太子病気平復
宝亀9（778）・3.24		○	皇太子病気平復

たとえば宝亀六年（七七五）十月六日に地震がおこっているが、同十九日、宮中で大般若経を読経、二十四日に大祓が行われ、翌二十五日には伊勢神宮に奉幣している。二ヵ月前（八月）にも伊勢・尾張・美濃方面を中心に異常な風雨が襲来したため大祓が行われているが、重ねて起こった災気の深刻さに驚いたのか、この時、改めて大祓がなされたものと思われる。また翌七年五月には、「災変しばしば見《あらわ》る」（二十九日条）ために大祓が行われ、翌三十日には宮中で六〇〇人の僧侶を招いて大般若経を読経させている。ちなみに翌六月十八日、干魃のために祈請された大祓では、同日、丹生《にう》川上《かわかみ》社に黒毛の馬が奉納されている。

ただ留意されるのは、仏事が後退したからといって、光仁朝で仏教色がまったく排除されたというわけでないことである。仏教を抜きにして、神祇的対応策だけで対処されていたのではない。前述の大祓を中心とする神祇祭祀を見ても明らかなように、ほとんどが読経（仏事）や奉幣（神祇）など、複数の対応策と並行して行われている。とくに大祓の前後には僧侶を招いて読経が行われており、仏教に対しても災害消除への効果が期待されていたことをうかがわせよう。

繰り返すことになるが、道鏡との関係から強調重視された仏教に対する比重が、光仁朝では確かに後退している。仏教的な対応が減少し、神祇的措置が圧倒的に増加していることは事実である。しかし、仏教そのものを完全に否定したわけでない。光仁の真意は、称徳・道鏡らによって生じた仏教界の歪みを正すこと、そして仏教本来のあるべき姿に戻すことにあった。その上で光仁は、神祇を主にした鎮護国家において、新たな神仏関係を構築することに最大の力を注いだものと考える。

仏教教団の整序

新たな神仏関係を築くために光仁が真っ先に着手したのは、旧仏教教団の整序である。そのことは、皇太子に立てられた白壁王（光仁）が、最初に僧綱人事の刷新に手を付けていることに示されている。

宝亀元年（七七〇）八月、皇太子白壁王はただちに道鏡を取り巻く人物を追放し、そのあと慈訓《じきん》・慶俊《きょうしゅん》らを少僧都に復帰させている。慈訓は天平宝字七年（七六三）、僧綱の任に堪えないとして少僧都を解任され、慶俊もまた天平神護二年（七六六）、律師を去っている。いづれも道鏡の圧力によるものであった。ちなみに、慈訓はこの時八〇歳の高齢であり、仏教界の運営に直接携わったとは思えないが、その慈訓をあえて復帰させているところにも、道鏡時代の歪みを正し、仏教界の秩序を復活させようとする光仁の姿勢が表れていよう。

ついで同年十月、光仁が即位すると、ただちに山林寺院での修行が許されている。称徳・道鏡時代、仲麻呂の与党が山林で修行する僧侶に紛れ込むのを恐れて禁止されていたが、僧綱から、このままでは正常な活動が出来ないとの要望が出され、それに応えて許可したものである。翌二年正月には、得度者に与える公文書に道鏡の印が使用されていたのを、治部省印に戻している。治部省は僧尼を管轄する役所で、本来は治部省印が使用されていたが、天平神護元年(七六五)以降、道鏡の印が使われていたのである。さらに翌三年十月には、道鏡の施策による加墾禁止令(寺院を除き墾田永年私財法を停止する法令)を破棄して豪族たちの開墾を許し、生産力の向上をはかっている。光仁の施策は、明らかに道鏡政策の否定から始まっており、仏教界刷新に対する光仁の強い意欲がうかがえよう。

そうしたなかで最大のテコ入れは、道鏡以来定着していた内道場におけるメンバー(禅師)の総入れ替えである。宝亀三年(七七二)三月、秀南・広達ら一〇人の禅師(呪験力でもって医療にあたる僧侶)を「十禅師」と称して、新たに天皇の身体護持役に任じている。のちに言う、いわゆる「内供奉十禅師」である。道鏡のように、看病禅師としての立場を通じて天皇と特別な関係を結ぶことへの反省から登用されたもので、この「十禅師」の制度はその後、しだいに整備され、国家仏教を再構築するうえでの重要な政策となっていく。その基盤が光仁時代に作られ、平安仏教を発展させる原動力となっていったことの意味は大きい。

道鏡時代の仏教政策を見直し、新たな宗教体制すなわち神仏関係の再構築をめざした光仁朝について、もう一つ留意したいことがある。それは、称徳・道鏡時代の猛省から聖武朝以来の天皇と仏教との関係が問い直され、仏教と天皇との個人的な結びつきが断ち切られたことである。光仁朝以後、臨終出家を除いて出家天皇すなわち在位中に天皇自身が出家することはなくなる。代わって登場するのが太上天皇の出家、いわゆる法皇で、昌泰二年（八九九）、宇多《うだ》法皇がその初例である。

神祇祭祀の粛正

神仏関係の再構築に向けて、光仁は神祇祭祀についても鉄槌を下している。なかでも大なたを振るったのが伊勢神宮であった。

『続日本紀』によれば宝亀三年（七七二）八月、暴風雨によって生じた災害を伊勢神宮の月読神《つくよみのかみ》（伊勢大神宮の別宮の一つ）の祟りによるものとみて、度会郡《わたらい》にある神宮寺を飯高郡度瀬《わたせ》山房に移すとある。太神宮諸雑記の所伝では、この神宮寺は聖武天皇の発願と伝えており、神を仏の守護者とみる、いわゆる護法善神思想の高まりのなかで建立されたものである。しかし祟りはおさまらなかったようだ。同十一年（七八〇）二月、神祇官から提出された奏上に、「伊勢大神宮寺」は先に祟りがあったためにこの場所に移したが、「しかるに今、神郡に近くして、その祟りいまだ止まず。飯野郡を除く外の、便ある地に移し造らむ」（今だに神郡すなわち多気郡に近いので祟りがやまない。そこで飯野郡以外の都合のよい土地に移建したい）というので、この時、多気郡の近くを避けて、飯野郡以外の他郡に移すことが許可されている。神社に付属する郡を神郡といい、伊勢神宮の場合、度会・多気の二郡がそれであった。飯野郡は今の三重県松坂市の東部・南部一帯で、この時避けられたのは多気郡と隣接していたからである。

本来、神宮寺はその性質上、神社の境内や隣接地に建立されているが、それが宮域から遠ざけられ、隣接するのさえ忌避して遠方に隔離されていった事情を知ることができる。神の祟りが繰り返して指摘され、徹底した仏教排除・神仏隔離が断行されている。それだけ称徳・道鏡時代に進められた神仏習合に対して貴族たちが大きな反感を抱いていたということであろう。称徳が、「出家人（僧侶）と白衣（貴族）」が一緒になって神事を行い、仏は神々から遠ざけるべきものとして忌み避ける必要はないとした、神仏混淆に対する抵抗や批判が根強く光仁朝に残っていたことを物語っている。

ちなみに光仁天皇の下で、こうした伊勢神宮における神仏分離を中心的に推進したのが、大中臣清麻呂父子とその一族であった。光仁が即位するや、それまで宮司であった菅生水通が解任され、代わって清麻呂の甥にあたる中臣比登《ひと》が宮司に補任されている。菅生の解任は、称徳・道鏡に接近して、その結果進められた伊勢神宮の神仏習合に対する責任を問うものであった。

以後、伊勢神宮では中臣氏が代々の宮司に任じられ、禰宜をはじめとする神官たちを統率している。一方、清麻呂の子の子老《こおゆ》は、（父の後を継いで）神祇伯（七七七年）に任じられるとともに、祭主の職も父から譲られている（七六八年）。

清麻呂は称徳・道鏡時代に神仏習合という宗教政策を推進した人物であるが、光仁朝では、その清麻呂（父子と甥）が後始末にあたり、伊勢神宮における排仏（神仏隔離）の中心的役割を果たしていることは、古代の神仏関係を考えるうえで、はなはだ興味深い。

ともあれ、こうした仏教色の排除は伊勢神宮寺だけでなく、他の神宮寺についてもかなり厳しくなされようで、ついに廃絶にまで及んだ神宮寺も少なくはなかった。

仏教教団の整序とともに神仏の隔離は、光仁天皇によって徹底して行われたことが知られよう。

称徳が没し、道鏡を追放した光仁天皇は、〝神祇による鎮護国家〟を宣言して仏教教団の整序に着手するとともに、神祇祭祀の粛正を断行している。神仏を分離し、それぞれの新たな位置づけをはかろうとしたのである。

新たな神仏習合

その結果、神と仏はしばらくの間、距離を置き、それぞれの立場を模索しつつ、新たな宗教への脱皮をめざす。そして、やがて思想と理論的な裏付けが付与されることによって、再び習合形態が社会に受容されるようになる。すなわち末法思想の流行とともに、平安中期頃から現れる本地垂迹《ほんじすいじゃく》説がそれである。仏を本地（本来の姿）とし、神はその本地仏がこの世に現われたものとする考えで、以前の時代とは異なり神と仏が対等の立場で、より密接に関係づけられている。

こうして生み出された新たな神仏習合の形態はわが国独自の現象として、以後の宗教のあり方を特徴づけていくだけでなく、さまざまな分野における思想の確立や文化・芸術などを生み出す母体となっていった。寺社の由来を語る「縁起」や絵巻物、「習合曼荼羅図」など美術品も数多く作られた。大げさに言えば、わが国の歴史と文化の基層は、神仏習合の思想が重層的に織りこまれることによって形成されたといえよう。そして、これもまた元を糺せば称徳・道鏡への反発から生じたものである。

以上、道鏡・称徳の功罪について縷々述べてきたが、皇位継承のあり方や神仏関係の歴史を振り返って考えてみると、良きにつけ悪しきにつけ、称徳・道鏡時代を経ることによって、それらは方向づけられたと理解してよいであろう。言葉を換えれば、称徳と道鏡との出会いがなければ、新しい歴史の展開も宗教や文化の発展もなかったということである。その意味で、二人の出会いは、単なる偶然と片付けられないものを感じる。

すべては歴史の必然であったように、わたくしには思われて仕方がない。

道鏡の時代　エピローグ

道鏡が栄華を極めたのは、「あおによし寧楽《なら》寧楽の都は咲く花の」と詠われ、貴族たちが天平文化を謳歌した奈良時代の中でも最末期である。ただし、歴史上に顔を出した道鏡がその足跡を刻むのは、ほんの十年足らずでしかない。

道鏡については一般に、「妖僧」「怪僧」というレッテルが貼られ、悪の権化のように言われてきた。称徳女帝の寵愛を受け、ついには天皇になろうとしたことが悪のイメージを強め、孝謙（称徳）女帝についても、正面から取り上げることを忌避させてきた。道徳的な偏見が研究者の間においてさえ、今なお根強く存在しているのが理由であるが、とくに道鏡については一貫して負の存在ととらえられ、これまでほとんど評価されることがなかったのは、因果であったとしかいいようがない。

しかし冷静に判断すると、奈良時代から平安時代への移行は、道鏡と称徳女帝の存在なしには不可能であった。良くも悪くも、この二人がいなければ、新しい時代への幕開けは実現しなかったろう。

というのも、平城京を舞台に繰り広げられた奈良時代は、その華やかなイメージとは裏腹に血なま

下野薬師寺鬼瓦

ぐさい政争が渦巻き、絶えることがなかった。平城遷都を断行した元明女帝が没した直後、多治比三宅麻呂らが起こした事件をはじめ、左大臣長屋王が自害に追いやられた、いわゆる長屋王の変、橘諸兄の息子奈良麻呂が起こしたクーデタ（奈良麻呂の変）、和気王の呪詛事件など、様々な陰謀が満都を脅かし、陰湿さを極めるいっぽうであった。事件に巻き込まれて数奇な運命に弄ばれ、その生涯を終えた人びとは少なくない。

こうした奈良時代の政争の多くは皇位継承、すなわち〝草壁皇統〟をめぐる争いであった。天武天皇の皇后持統が息子の草壁皇子を亡くした後、孫の軽皇子（のちの文武天皇）を即位させるために創出された観念である。そして以後、奈良時代を通して、皇位継承はこの草壁系男子の即位だけを正統とする認識が定着する。阿倍内親王が、それまでの女帝に例のない立太子という手続きを経て即位（孝謙女帝）したのも、それによって男帝と同等の存在として〝草壁皇統〟に位置づけるためである。

実は、孝謙はこの〝草壁皇統〟の最後の天皇となるはずであった。未婚である孝謙のあとは、新田部親王の子道祖王（天武の孫）が皇太子に立てられ、皇位継承の範囲が草壁系から天武の傍系に拡げられる措置がとられていたのである。

孝謙は、そのことを承知した上で淳仁に譲位した。そして〝草壁皇統〟は終焉した。道鏡が孝謙と出会ったのは、そんな時である。

しかし孝謙と道鏡との関係を知った藤原仲麻呂は、二人を非難したうえ、草壁系における孝謙の立場を否定してその存在すらないがしろにする。道鏡という後見者を得た孝謙が、自らの正統性を表明するため、対抗措置に出るのは時間の問題であったろう。重祚である。

孝謙は重祚した。称徳女帝である。仲麻呂はクーデタを起こしたが誅殺され、ここに至って権力闘争は終結したかに見えた。しかし、現実はそうでなかった。それどころか称徳の重祚によって、天武傍系に拡散された皇位継承問題は振り出しに戻り、出口の見えない争乱を次々と誘発することになる。

道鏡は称徳と出会ったことで、そして称徳もまた道鏡の存在を得たことで、二人は否応なくこの皇位継承の争いに引き込まれていったのである。その行き着くところ、引き起こされたのが宇佐八幡宮の神託事件であった。

事件についていては、首謀者が誰であったにせよ、道鏡がその企てに乗り、一時的にでも天皇への夢を抱いたことは間違いない。だがその夢は、和気清麻呂が持ち帰った託宣によって一瞬にして潰えてしまった。また称徳も、最初から道鏡を天皇にする気持ちがなかったとはいえ、神意によって道鏡を悪人呼ばわりされたうえ、道鏡との〝共治〟体制を目指す自身の政治そのものも全面的に否定されたのであった。

道鏡も称徳も、敗れた。

政争の中で勝つ者がいれば、かならず敗れる者たちがいた。道鏡と称徳は、神託事件によって敗者側に立たされたのである。

事件後の道鏡と称徳には、即位に向けての動きがいっさいみられない。そして二人は有るべき姿に立ち戻ったかのように思われた。しかしそれも束の間のこと、称徳女帝が没し、たちまち道鏡は専権を狙う反逆者として捕らえられ、下野国に左遷されたのである。

道鏡の時代は、称徳の死によってあっけなく終わってしまった。道鏡が法王となってからわずか四年、太政大臣禅師となってからでも五年である。しかし、皇位をめぐる政争が繰り返される中で、皇位継承者の範囲が拡大され、貴族たちの間に、天武系の王族（天武傍系）が皇位継承者であるとの認識が定着したことは、重要な意味をもつ。草壁系に限定されてきたそれまでの皇位継承に、天武系という皇統意識が強烈に植え付けられることになったからである。称徳没後、白壁王こと光仁天皇が即位を要請されたのも、妻の井上内親王（聖武天皇の娘）を介して聖武の皇統（＝天武系）に連なっていたためである。現に、光仁のあとを継いだ桓武天皇も、当初、自身は父の光仁を通して皇位は聖武天皇から受け継いだものと受けとめていた。

また、称徳・道鏡時代が皇位継承に関して様々な混乱を引き起こしてきたことの反省から、光仁朝になって皇太子制度が整備され、皇太子が次期皇位継承者として明確に位置づけられるようになったことも極めて重要である。それは平安時代を通して即位儀礼に組み込まれ、その結果、皇太子の制が皇位継承上の新しい受け皿となり、中継ぎ天皇とされた奈良時代の女帝の役割がすべて終わる。古代を通して、称徳を最後に女帝が登場しなくなった理由である。けだし道鏡を得て実現した孝謙の重祚

（称徳女帝の即位）が皇太子制度の整備を促し、とどのつまり女帝の終焉を導くことになったのは、歴史の皮肉と言うほかはない。

それだけではない、道鏡・称徳朝に対する反発は、神仏関係を大きく変化させることにもなる。聖武朝以来、仏教に基づく鎮護国家の考え方から、神と仏が接近する、いわゆる神仏習合が進められてきたが、光仁天皇はそうした神仏関係を否定し、神仏の分離・隔絶策を重視した。とくに国家の宗廟として崇敬を受けていた伊勢神宮には鉄槌を下している。伊勢神宮では、境内に設けられていた神宮寺が宮域から遠ざけられ、隣接するのさえ忌避して遠方に隔離されたのである。徹底した仏教排除が断行されている。それだけ称徳・道鏡時代に進められた神仏習合に対して大きな反感があったことを物語っていよう。

当然のことながら、天皇の名代として伊勢に派遣される斎宮（伊勢斎王）についても、仏教との関係が遮断されるようになる。それが、斎宮の歴史においても新たな展開をもたらす要因になったことはいうまでもない。

ともあれ、こうして分離された神と仏は、その後しばらくの間、それぞれ理論付けをはかりながら互いに新鋭の宗教をめざしてその道を模索する。その結果、平安時代に入り本地垂迹説として、新たな形で神仏習合が再びわが国に受容され、社会に浸透していくことになる。わが国の歴史や文化・思想は、こんにちに至るまで、実にこの神仏習合思想を母体に形成され、発展してきたといってよいであろう。大げさにいえば、歴史の基層であるが、それは道鏡・称徳時代を経過することによって醸成されたといえるのである。

こうしてみると、歴史は勝者だけでなく、敗者によっても方向づけられ展開されていくことが実感されよう。

負の存在として歴史の影に追いやられてきた道鏡、その道鏡が下野国で没するのは宝亀三年（七七二）四月六日である。卒伝（『続日本紀』）には、「死する時は庶人の礼を以て葬れり」（亡くなった時は、庶民としての扱いで葬られた）とあり、無位・無官の人物として生涯を終えている。称徳女帝が没して二年後のことであった。

あとがき

吉川弘文館編集部からシリーズ「敗者の日本史」の一書として原稿の依頼を受けたのは、たしか一昨年の春、まだ冬の寒さが残る頃だったと思う。そのさいに依頼されたのは、奈良時代史を道鏡を中心にすえてわかりやすく描写するということであった。

道鏡といえば、一般に知られているのは、称徳女帝と関係をもち、天皇になろうとした「悪僧」「妖僧」という強烈なイメージで、これまで歴史的に関心が持たれることは、ほとんどなかったのではあるまいか。それは、称徳との関係から道徳的な偏見が今だに根強く存在し、そうした面ばかりが強調され、面白可笑しく伝えられてきたことが理由である。

道鏡については、かつて『最後の女帝　孝謙天皇』（吉川弘文館、一九九八年）において考察したことがある。そこで痛感させられたのは、孝謙（称徳）女帝にとって道鏡の存在がいかに大きかったかということで、多少従来とは異なった道鏡像をもつようになっていた。しかし、通説の域を出るほどのものではなかった。また、それはあくまでも孝謙（称徳）女帝に視点をすえての考察であり、奈良時代史というマクロ的観点から道鏡を位置づけたものでもなかった。

そんなことから孝謙論を完結するためにも、道鏡を論じる必要があると思いつつ、時間が過ぎてしまっていた。そんな中で与えられた課題である。

しかし考えて見れば、道鏡が史料上に見えるのは奈良時代でも後半、それもわずか一〇年ほどに限られ、道鏡の生きざまを具体的に跡づけるものはほとんどない。まして、それを奈良時代全体のなかで位置づけるというのは至難の業である。とても私の手に負えるものではないと思って、いったんは諦めたが、編集部の熱心なお勧めもあって、思い切って挑戦してみることにした。本書は、その悪戦苦闘の軌跡である。

執筆に際していつも心がけているように、本書においても、先入観にとらわれないことを念頭に取り組んだが、真正面から史料を読み込んでいくにつれ、以前、称徳女帝の影に隠れて見過ごしてきた道鏡像が、次々と明らかになってきた。また道鏡の時代を遡り、改めて奈良時代の史料を丹念に読み直していくほどに、古代社会における道鏡の立場と役割が新たに浮かび上がってきた。その一つが、道鏡は、良くも悪くも時代を大きく転換させる橋渡しとなったということである。極端にいえば、道鏡の存在なくしてあとに続く平安時代の歴史は展開しなかったであろう。皇位継承も、天皇や貴族たちによる政治や社会、さらにはその後の神祇・仏教の在り方なども異なったものになっていたはずである。その意味で、従来とは違う観点から、まったく新しい理解を示すことができたと思っている。

私事であるが、執筆中に二度、左右両足の股関節の手術で入院し、退院後はリハビリを兼ねた散歩が日課となった。コースは、由義宮址や弓削神社にも近い恩智川の川べりである。かつてこの地を訪れた道鏡は、由義宮の造営を間近に見て、その永遠の栄えを祝い、女帝とともに遊宴のひとときを楽しんでいる。しかし、栄えあれと祈った道鏡の〝夢〟は実現しなかった。由義宮は跡形すら残さず、今は幻の都となっている。

雨の日も風の日も、その幻の都に思いを馳せ、道鏡が修行したという信貴・葛城の山並みをはるかに眺めながらリハビリに励んだ日々は、わたくしにとって懐かしい思い出となっている。

私事のついでに言えば、来年の三月で定年を迎え、三〇年間通い慣れた京都女子大学を去る。教師として、また研究者としてやり残したことが多く、猛省する日々の中で、何とか在職中に本書を上梓することが出来たのは幸いであり、忘れられない一書となるに違いない。

図版や年表については、京都女子大学非常勤講師木本久子氏をはじめ同大学大学院生の長塩智恵・中村みどり・堺弓夏・林原由美子さんにお世話になった。あらためて御礼を申し上げたい。

二〇一二年十二月十二日

瀧浪貞子

参考文献（紙数の関係で単行本に限らせていただいた。由義宮・道鏡関係については辻尾榮一「由義宮・道鏡関係文献目録」（『続日本紀研究』二二六、一九八三年四月）に詳しい。）

飯沼賢司『八幡神とはなにか』角川書店、二〇〇四年
石田則明『「道鏡事件」の真相』栄光出版社、二〇〇八年
井上　薫『奈良朝仏教史の研究』吉川弘文館、一九六九年
井上光貞『日本古代の国家と仏教』岩波書店、一九七一年
上田正昭『女帝』講談社、一九七一年
大山誠一『長屋王家木簡と奈良朝政治史』吉川弘文館、一九九三年
岡田精司『神社の古代史』大阪書籍、一九八五年
岸　俊男『藤原仲麻呂』吉川弘文館、一九六九年
北山茂夫『女帝と道鏡』中央公論社、一九六九年
木本好信『奈良朝政治と皇位継承』高科書店、一九九五年
熊谷保孝『律令国家と神祇』第一書房、一九八二年
栄原永遠男『天平の時代』集英社、一九九一年
千田　稔『平城京の風景』文英堂、一九九七年
高取正男『神道の成立』平凡社、一九七九年
瀧浪貞子『日本古代宮廷社会の研究』思文閣出版、一九九一年

瀧浪貞子『女性天皇』集英社、二〇〇四年
瀧浪貞子『最後の女帝 孝謙天皇』吉川弘文館、一九九八年
瀧浪貞子『帝王聖武 天平の勁き皇帝』講談社、二〇〇〇年
瀧浪貞子『平安建都』集英社、一九九一年
棚橋利光『八尾・柏原の歴史』松籟社、一九八一年
田辺征夫・佐藤信編『平城京の時代』吉川弘文館、二〇一〇年
逵日出典『神仏習合』臨川書店、一九八六年
逵日出典『八幡宮寺成立史の研究』続群書類従完成会、二〇〇三年
寺崎保広『長屋王』吉川弘文館、一九九九年
中川　収『奈良朝政治史の研究』高科書店、一九九一年
中西康裕『続日本紀と奈良朝の政変』吉川弘文館、二〇〇二年
中野幡能『宇佐宮』吉川弘文館、一九九六年（新装版）
根本誠二『天平期の僧侶と天皇』岩田書院、二〇〇三年
平野邦雄『和氣清麻呂』吉川弘文館、一九八六年（新装版）
松尾　光『天平の政治と争乱』笠間書院、一九九五年
三橋　正『平安時代の信仰と宗教儀礼』続群書類従完成会、二〇〇〇年
八重樫直比古『古代の仏教と天皇』翰林書房、一九九四年
横田健一『道鏡』吉川弘文館、一九八八年（新装版）

吉村武彦『古代天皇の誕生』角川書店、一九九八年
村井康彦『律令制の虚実』講談社、一九七六年
八尾市史（本文編）八尾市役所、一九八八年
宇佐神宮史　史料篇

引用の『続日本紀』は新訂増補国史大系本（吉川弘文館）、新日本古典文学大系（岩波書店）によった。なお本文中に引用の瀧浪の論文は、ことわらない限り『日本古代宮廷社会の研究』（思文閣出版、一九九一年）に収めるものである。

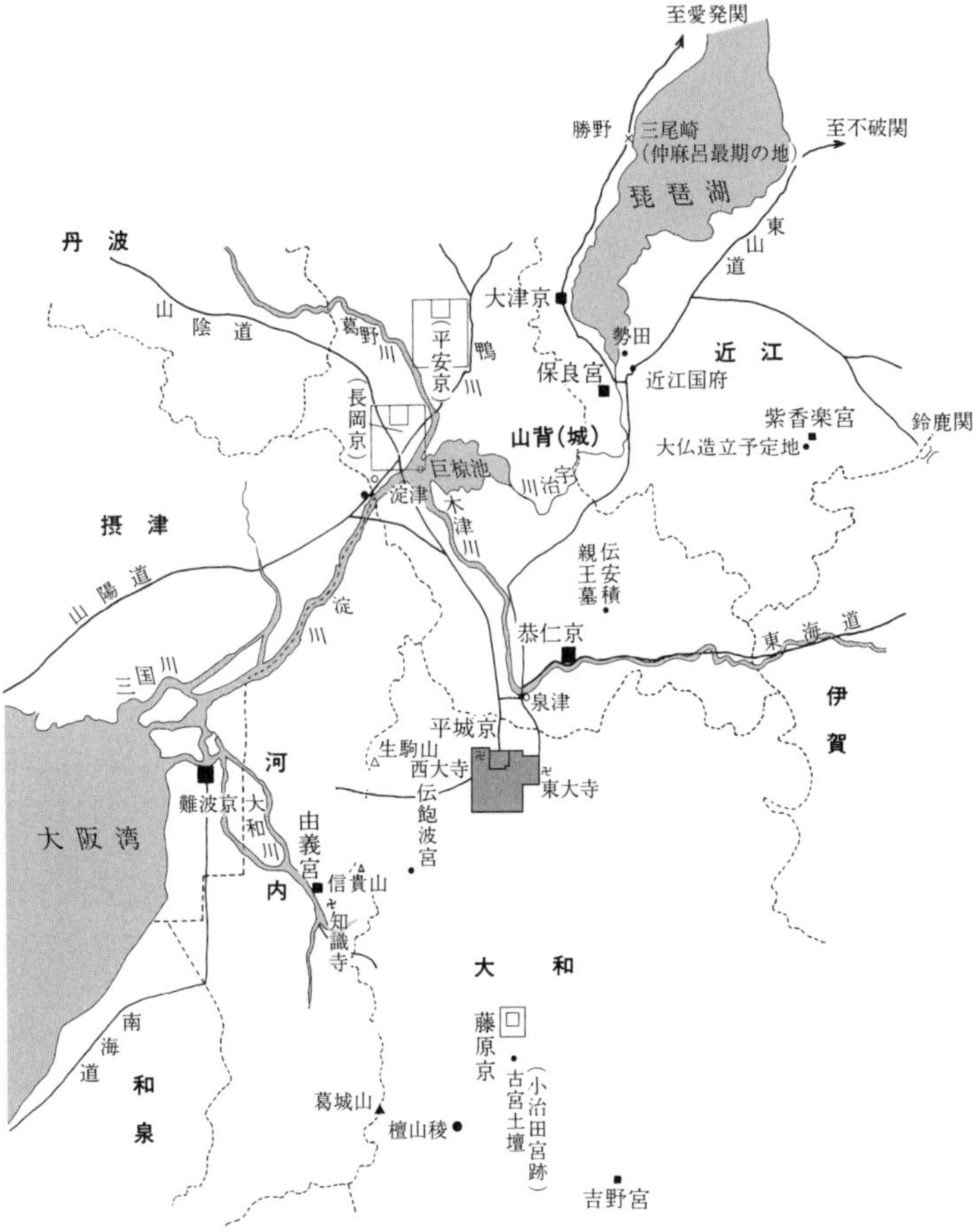
至愛発関
勝野
三尾崎
(仲麻呂最期の地)
至不破関
琵琶湖
東山道
丹波
山陰道
葛野川
(平安京)
鴨川
大津京
勢田
近江
保良宮
近江国府
(長岡京)
山背(城)
紫香楽宮
大仏造立予定地
鈴鹿関
巨椋池
宇治川
淀津
木津川
摂津
親王墓
伝安積
山陽道
淀川
恭仁京
東海道
三国川
泉津
伊賀
平城京
生駒山
西大寺
河内
東大寺
難波京
大和川
伝飽波宮
大阪湾
由義宮
信貴山
知識寺
大和
藤原京
南海道
古宮土壇
(小治田宮跡)
和泉
葛城山
檀山稜
吉野宮

関係略地図

略 年 表

西暦	和 暦	事 項
681	天武10	2. 草壁皇子，立太子.
686	朱鳥元	9. 天武天皇没，皇后鸕野称制する．10. 大津皇子謀反の罪で自害（24歳）.
689	持統 3	4. 草壁皇子没（28歳）.
690	4	1. 皇后鸕野，正式に即位（持統天皇）.
694	8	12. 藤原京に遷都.
697	文武元	8. 文武天皇即位，藤原宮子入内.
701	大宝元	8. 大宝律令の制定.
707	慶雲 4	6. 文武天皇没（25歳）．7. 元明天皇即位，即位の詔に初めて「不改常典」の語見える.
710	和銅 3	3. 平城京に遷都.
712	5	1. 太安万侶『古事記』を撰上.
713	6	5.『風土記』の撰進を命じる.
715	霊亀元	9. 元正天皇即位.
718	養老 2	この年藤原不比等らが養老律令を撰進.
720	4	5. 舎人親王『日本書紀』を撰上．8. 藤原不比等没（62歳）.
721	5	12. 元明太上天皇没（61歳）.
722	6	1. 多治比三宅麻呂事件.
723	7	4. 三世一身の法.
724	神亀元	2. 聖武天皇，即位.
727	4	閏9. 藤原光明子，基王を出産．11. 基王，立太子.
728	5	9. 聖武天皇の皇子，基王没（2歳）.
729	天平元	2. 長屋王の変．8. 光明子を皇后とする.
734	6	11. 玄昉・吉備真備らが唐から帰国.
737	9	この年天然痘流行し，藤原武智麻呂ら不比等の四人の息子没.
738	10	1. 阿倍内親王（孝謙天皇），立太子.
740	12	9. 藤原広嗣の乱．10. 聖武天皇，東国行幸に出発（5年間平城京を留守にする）．12. 聖武天皇，恭仁宮に入る.
741	13	2. 諸国の国分寺・国分尼寺建立の詔.

西暦	和　　暦	事　　　　　項
743	天平15	5. 墾田永年私財法の発布．10. 大仏造立の詔．12. 恭仁宮を放棄し，紫香楽宮を造営．
744	16	閏1. 安積親王没（17歳）．2. 難波宮を都とする．
745	17	1. 行基を大僧正に任命．5. 平城京に還都．11. 玄昉，筑紫に左遷される．
748	20	4. 元正太上天皇没（69歳）．
749	天平感宝元 天平勝宝元 (7.2改元)	2. 陸奥国が黄金を献上．4. 聖武天皇，東大寺に行幸し自らを「三宝の奴」と称す．7. 孝謙天皇即位．9. 光明皇太后のために紫微中台を設置（長官藤原仲麻呂）．12. 宇佐八幡神，東大寺参拝．
752	4	4. 東大寺大仏開眼供養．
753	5	1. 遣唐使，唐の宮廷で新羅と座次を争う．
754	6	1. 鑑真ら来朝．4. 孝謙，鑑真から菩薩戒を受ける．11. 宇佐八幡宮の大神田麻呂らによる厭魅事件．田麻呂，種子島に配流．
755	7	1. 年を歳に改めて天平勝宝7歳とする．11. 橘諸兄，謀反の疑いありと密告される（翌年2月，諸兄左大臣を辞職）．
756	8	5. 聖武太上天皇没（56歳）．遺詔により道祖王を立太子．6. 聖武の遺品を東大寺に納める．
757	天平宝字元	1. 橘諸兄没（74歳）．3. 道祖王，廃太子．4. 大炊王を立太子．5. 平城宮改修のため，孝謙天皇仲麻呂第に移る．仲麻呂を紫微内相に任命，養老律令を施行．7. 橘奈良麻呂の変．
758	2	8. 孝謙，大炊王（淳仁天皇）に譲位．藤原仲麻呂に「恵美押勝」を賜姓する．12. 遣渤海使，安禄山の乱の報を伝える．
759	3	8. 鑑真，唐招提寺を建立．11. 近江国保良宮の造営開始．
760	4	1. 仲麻呂を太師（太政大臣）に任命．6. 光明皇太后没（60歳）．
761	5	10. 孝謙，淳仁とともに平城宮改作のため近江，保良宮に遷る．保良宮を北京とする．
762	6	4. 道鏡，宿曜秘法によって孝謙を治療．5. 孝謙と淳仁

西暦	和　暦	事　　項
		の仲違いにより保良宮を離れ，孝謙は法華寺に入る．6. 孝謙出家,「国家の大事と賞罰」決定権の掌握を宣言.
763	天平宝字 7	9. 慈訓が少僧都を解任され，道鏡が少僧都に就任.
764	8	9. 藤原仲麻呂の乱．氷上塩焼を擁立するも仲麻呂（59歳）・塩焼（50歳）敗死．道鏡，大臣禅師に任命される．10. 淳仁，廃位され淡路に配流．孝謙，称徳天皇として重祚.
765	天平神護元	3. 加墾禁止令（寺院は除く）制定．3. 武器禁止令制定. 8. 和気王，称徳の呪詛が発覚し処刑される．10. 称徳・道鏡，紀伊行幸．その途次，河内弓削寺に立ち寄る. 淳仁没（33歳）．閏10. 道鏡，太政大臣禅師に任命される．11. 出家天皇称徳の大嘗祭，俗人とともに僧侶も参加．この年称徳，西大寺を建立.
766	2	1. 藤原永手が右大臣，白壁王が大納言，吉備真備が中納言に任命される．4. 聖武天皇皇子と名のる男子を遠流に処す．10. 基真，隅寺の仏舎利出現を報告．大神田麻呂，復位．道鏡が法王，円興が法臣，基真が法参議，永手が左大臣，真備が右大臣に任命される.
767	神護景雲元	3. 法王宮職の設置．9. 宇佐神宮比売神の神宮寺造営が命じられる.
768	2	2. 道鏡の弟弓削浄人を大納言に任命．11. 浄人を大宰帥に任命，円興一族に高賀茂朝臣を賜姓．12. 基真，飛騨国へ追放される.
769	3	1. 道鏡，大臣以下の拝賀を受ける．5. 佐保川のドクロ事件．6. 中臣清麻呂に「大中臣」を賜姓．7. 初めて法王宮職印を用いる．9. 和気清麻呂，宇佐八幡の神託を奏上．称徳の怒りを買って清麻呂は大隅国，姉広虫は備後国に配流．10.「恕」の字を書いた帯を下賜．10–11. 由義宮行幸．由義宮を西京，河内国を河内職とする（翌年8月復す）．浄人従二位，弓削一族加階.
770	宝亀元	閏2–4. 由義宮行幸．4. 称徳，百万塔陀羅尼経を諸寺に分置する．8. 称徳没（53歳）．白壁王（光仁天皇），立太子．道鏡が造下野薬師寺別当，習宜阿曾麻呂が種𣘺島守に左遷．弓削浄人，土佐に配流．慈訓・慶俊を

西暦	和　暦	事　　　項
		少僧都に再任. 9. 清麻呂・広虫, 都に召還される. 10. 光仁天皇, 即位. 11. 井上内親王を皇后にする.
771	宝亀 2	1. 他戸親王, 立太子. 2. 藤原永手没 (58 歳). 3. 大中臣清麻呂を右大臣に任命, 和気清麻呂, 復位. 8. 県犬養姉女の厭魅事件が誣告と判明. 9. 和気王の男女, 属籍を復される.
772	3	3. 皇后井上内親王廃される. 4. 道鏡没. 5. 皇太子他戸親王廃される. 12. 厨真人厨女の属籍を復し, 不破内親王とする.
773	4	閏 1. 山部親王 (桓武天皇), 立太子. 10. 他戸親王, 母井上内親王とともに幽閉される.
775	6	4. 井上内親王・他戸親王 (20 歳) の母子没. 10. 吉備真備没 (83 歳).
781	天応元	4. 桓武天皇即位. 早良親王, 皇太弟. 6. 弓削浄人ら一族, 罪を許され河内国に帰る.
782	延暦元	閏 1. 氷上川継の謀反発覚, 母不破内親王とともに流罪. 3. 三方王らの呪詛事件発覚.
784	3	11. 長岡京に遷都.
785	4	9. 造長岡宮長官藤原種継が射殺される. 皇太弟早良親王を廃す. 11. 安殿親王 (平城天皇) 立太子.
788	7	7. 征東使任命.
789	9	6. 阿弖流為 (アテルイ), 征東軍を破る.
794	13	10. 平安京に遷都. 11. 山背を山城に改称. 新京を「平安京」と命名.

著者略歴
一九四七年　大阪府に生まれる
一九七三年　京都女子大学大学院文学研究科修士課程修了
現　在　京都女子大学文学部教授　文学博士
〔主要著書〕
『日本古代宮廷社会の研究』（思文閣出版、一九九一年）
『平安建都』（集英社、一九九一年）
『最後の女帝　孝謙天皇』（吉川弘文館、一九九八年）
『帝王聖武　天平の勁き皇帝』（講談社、二〇〇〇年）
『女性天皇』（集英社新書、二〇〇四年）

敗者の日本史2
奈良朝の政変と道鏡
二〇一三年（平成二十五）三月一日　第一刷発行
著　者　瀧《たき》浪《なみ》貞《さだ》子《こ》
発行者　前田求恭
発行所　株式会社　吉川弘文館
郵便番号一一三―〇〇三三
東京都文京区本郷七丁目二番八号
電話〇三―三八一三―九一五一〈代表〉
振替口座〇〇一〇〇―五―二四四
http://www.yoshikawa-k.co.jp/
印刷＝株式会社　三秀舎
製本＝誠製本株式会社
装幀＝清水良洋・星野槙子

© Sadako Takinami 2013. Printed in Japan
ISBN978-4-642-06448-4

Ⓡ〈日本複製権センター委託出版物〉
本書の無断複製(コピー)は，著作権法上での例外を除き，禁じられています．
複製する場合には，日本複製権センター(03-3401-2382)の許諾を受けて下さい．

敗者の日本史

刊行にあたって

現代日本は経済的な格差が大きくなり、勝ち組と負け組がはっきりとした社会になったといわれ、格差是正は政治の喫緊の課題として声高に叫ばれています。

しかし、歴史をみていくと、その尺度は異なるものの、どの時代にも政争や戦乱、個対個などのさまざまな場面で、いずれ勝者と敗者となる者たちがしのぎを削っていました。歴史の結果からは、ややもすると勝者は時代を切り開く力を飛躍的に伸ばし、敗者は旧体制を背負っていたがために必然的に敗れさった、という二項対立的な見方がなされることがあります。はたして歴史の実際は、そのように善悪・明暗・正反というように対置されるのでしょうか。敗者は旧態依然とした体質が問題とされますが、彼らには勝利への展望はなかったのでしょうか。敗者にも時代への適応を図り、質的変換への懸命な努力があったはずです。現在から振り返り導き出された敗因ではなく、多様な選択肢が消去されたための敗北として捉えることはできないでしょうか。最終的には敗者となったにせよ、敗者の教訓からは、歴史の「必然」だけではなく、これまでの歴史の見方とは違う、豊かな歴史像を描き出すことで、歴史の面白さを伝えることができると考えています。

また、敗北を境として勝者の政治や社会に、敗者の果たした意義や価値観などが変化しながらも受け継がれていくことがあったと思われます。それがどのようなものであるのかを明らかにし、勝者の歴史像にはみられない日本史の姿を、本シリーズでは描いていきたいと存じます。

二〇一二年九月

吉川弘文館

敗者の日本史

①大化改新と蘇我氏　遠山美都男著
②奈良朝の政変と道鏡　瀧浪貞子著　二七三〇円
③摂関政治と菅原道真　今　正秀著
④古代日本の勝者と敗者　荒木敏夫著
⑤治承・寿永の内乱と平氏　元木泰雄著　（次回配本）
⑥承久の乱と後鳥羽院　関　幸彦著　二七三〇円
⑦鎌倉幕府滅亡と北条氏一族　秋山哲雄著
⑧享徳の乱と太田道灌　山田邦明著
⑨長篠合戦と武田勝頼　平山　優著
⑩小田原合戦と北条氏　黒田基樹著　二七三〇円
⑪中世日本の勝者と敗者　鍛代敏雄著
⑫関ヶ原合戦と石田三成　矢部健太郎著
⑬大坂の陣と豊臣秀頼　曽根勇二著
⑭島原の乱とキリシタン　五野井隆史著
⑮赤穂事件と四十六士　山本博文著　二七三〇円
⑯近世日本の勝者と敗者　大石　学著
⑰箱館戦争と榎本武揚　樋口雄彦著　二七三〇円
⑱西南戦争と西郷隆盛　落合弘樹著
⑲二・二六事件と青年将校　筒井清忠著
⑳ポツダム宣言と軍国日本　古川隆久著　二七三〇円

※書名は変更される場合がございます。

（価格は５％税込）

吉川弘文館